와이즈만 수학동화

몹시도 으스스한 수학교실

1판 1쇄 발행 2014년 2월 11일
1판 7쇄 발행 2024년 4월 25일

권재원 글 | 김고은 그림 | 와이즈만 영재교육연구소 감수

발행처 | 와이즈만BOOKs
발행인 | 염만숙
출판사업본부장 | 김현정
편집 | 원선희 양다운 이지웅
디자인 | Studio Marzan 김성미
제작 | 김한석
마케팅 | 강윤현 백미영 장하라

출판등록 | 1998년 7월 23일 제1998-000170호
제조국 | 대한민국
사용 연령 | 8세 이상
주소 | 서울특별시 서초구 남부순환로 2219 나노빌딩 5층
전화 | 마케팅 02-2033-8987 편집 02-2033-8928
팩스 | 02-3474-1411
전자우편 | books@askwhy.co.kr
홈페이지 | mindalive.co.kr

저작권자 ⓒ 2014 권재원 김고은
이 책의 저작권은 권재원 김고은에게 있습니다.
저자와 출판사의 허락 없이 내용의 일부를 인용하거나 발췌하는 것을 금합니다.

*와이즈만BOOKs는 (주)창의와탐구의 출판 브랜드입니다.

이 도서의 국립중앙도서관 출판시도서목록(CIP)은 서지정보유통지원시스템 홈페이지(http://seoji.nl.go.kr)와 국가자료공동목록시스템(http://www.nl.go.kr/kolisnet)에서 이용하실 수 있습니다. (CIP제어번호 : CIP2013029238)

몹시도 으스스한 수학교실

권재원 글 | 김고은 그림
와이즈만 영재교육연구소 감수

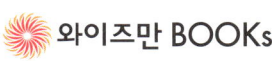
와이즈만 BOOKs

저자 글

유령들에게도 수학이 필요할까요?

　1000원을 가지고 500원짜리 캐러멜을 사면 얼마가 남을까?
　건물을 지을 때 건물이 무너지지 않고 버티려면 어느 정도의 높이에 어느 정도의 기둥을 세워야 할까?
　금성으로 로켓을 보내려면 얼마나 빠른 속도로 어느 방향으로 발사해야 할까?
　지구 위의 모든 사람들이 동시에 뛰어올랐다 떨어지면 지구는 얼마나 흔들릴까?
　벼룩은 자기 몸의 30배를 뛰어오를 수 있는데, 만일 키가 143cm인 어린이가 벼룩처럼 뛰어오른다면 얼마나 높이 뛰게 될까?

　이런 질문에 대답하려면 수학이 필요하지요.(물론 이 중 몇 개는 굳이 알아낼 필요는 없지만요.) 공기는 눈에 보이지 않지만 숨을 쉬는 데 필요한 것처럼요.
　처음에는 '수학이 사람들의 생활에 어떻게 쓰이는가?'에 대해 책을 써야겠다고 생각했어요. 하지만 곧 마음을 바꿨어요. 그런 당연한 사실을 쓴다는 것은 아주 지겹고도 불필요한 일이니까요.

'그렇다면 무슨 이야기를 써야 하지?' 고민을 하던 중에 문득 '유령들에게도 수학이 필요할까?'라는 궁금증이 생겼어요.

유령들은 거스름돈을 받을 일도 없고, 건물을 세우지도 않고, 로켓을 쏘아 올리지도 않아요. 대체 유령들이 수학을 쓸 일이 뭐가 있을까요? 아무리 생각해도 떠오르지 않았어요.

그 순간 유령을 주인공으로 하는 수학 책을 써야겠다는 결심을 하게 되었지요. 이리 봐도 저리 봐도 수학이 필요 없을 것 같은 유령들이 수학을 한다면, 아주 특별한 이유가 있을 테니까요.

여러분은 그 이유가 무엇인지 궁금하지 않나요?

자 이제부터 어린이 유령인 삐딱이, 왕눈이, 책벌레, 까불이, 뚱땡이에게 무슨 일이 생겼는지 함께 공동묘지로 찾아가 보아요.

"수, 수, 수. 대체 그딴 게 뭔데? 유령이 된 지금 수 따위가 무슨 소용이 있냐고?"

이렇게 외치던 유령들이 왜, 어떻게 바뀌었는지 그 이야기를 들려줄게요.

권재원

차례

저자 글 유령들에게도 수학이 필요할까요? — 4
몹시도 으스스한 수학교실에 나오는 유령들 — 8
공동묘지에 수학교실이 생기다 — 10

제1장 ★ 유령들의 수학 공부 • 수 — 20

제2장 ★ 옛 친구 날쌘돌이 • 덧셈과 곱셈 — 38

제3장 ★ 인간들의 수학교실 • 뺄셈과 나눗셈 — 56

제4장 ★ 왕눈이 집에서의 하룻밤 • 분수의 덧셈과 뺄셈 — 70

제5장 ★ 유령, 인간을 구하다 • 응용문제 — 86

몹시도 으스스한 수학교실에 나오는 유령들

꼬부랑 유령

수학자 유령. 2000살까지 세다가 나이 세기를 그만두었다. 어린이 유령들에게 우주의 언어인 수학을 가르쳐 주기 위해 애쓴다.

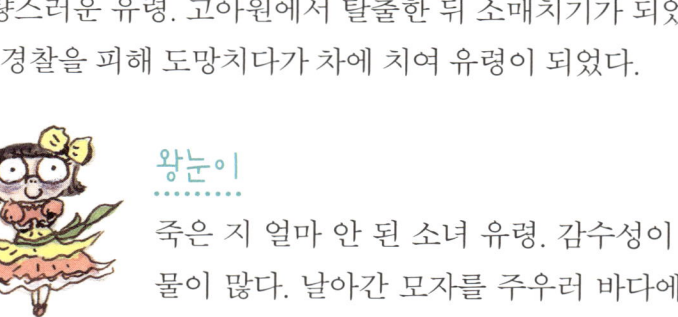

삐딱이

불량스러운 유령. 고아원에서 탈출한 뒤 소매치기가 되었다. 경찰을 피해 도망치다가 차에 치여 유령이 되었다.

왕눈이

죽은 지 얼마 안 된 소녀 유령. 감수성이 풍부하여 눈물이 많다. 날아간 모자를 주우러 바다에 들어갔다가 파도에 휩쓸려 유령이 되었다.

책벌레

공부를 좋아하는 유령. 몸이 약해 친구들과 어울려 놀기보다는 책 읽기를 더 좋아했다. 자나 깨나 책을 읽다가 병에 걸려 유령이 되었다.

까불이

까불거리는 유령. 어떻게 하면 공부를 하지 않고 놀기만 할 수 있는지가 최고 관심사. 그러나 순진하여 잘만 꾀면 공부인지도 모르는 채 공부를 한다. 보자기로 만든 낙하산을 매달고 창문에서 뛰어내려 유령이 되었다.

뚱땡이

뚱보 유령. '음식은 영혼을 살찌운다.'라는 좌우명을 가지고 있다. 먹고 죽은 유령은 때깔도 좋다는 말처럼 혈색이 좋다. 떡이 목에 걸려 유령이 되었다.

날쌘돌이

삐딱이와 같은 고아원에서 자란 친구. 함께 소매치기를 하다가 삐딱이가 세상을 떠난 뒤 마음을 고쳐먹는다. 오징어잡이 배가 가라앉아 유령이 되었다.

공동묘지에 수학교실이 생기다

여기는 오싹한 공동묘지입니다.

뾰족한 가시가 달린 검은 덤불들이 울타리를 이루고, 울타리 안쪽에는 반쯤 허물어진 돌비석들이 띄엄띄엄 세워져 있어요. 무성하게 자란 잡초들은 바람에 흐느끼는 소리를 내지요. 새벽마다 자욱하게 깔리는 안개는 독을 품은 연기처럼 푸르스름한 회색이고요.

지독하게 음산한 분위기 때문에 이곳에 발을 딛는 인간은 하나도 없어요. 하지만 이토록 으스스한 분위기를 무척이나 좋아하는 존재도 있지요.

바로 유령들이에요.

언제부터인지 이곳은 온갖 유령이 모여 회의를 하거나 잔치를 벌이는 곳으로 쓰였어요. 어른 유령뿐 아니라 장난꾸러기 어린이 유령들도 이곳에서 노는 것을 무척 좋아했어요.

따뜻한 피가 흐르던 시절에도 노는 것을 좋아하던 어린이들은 유령이 되어서도 여전히 노는 것을 제일 좋아했어요.

한번은 까불이가 이렇게 말했어요.

"술래잡기를 하기에 딱 좋을 정도로 오싹한걸."

그러자 삐딱이가 핀잔을 주었어요.

"흥, 오싹하긴 뭐가 오싹하냐? 그건 살아 있는 녀석들이나 하는 말이야. 우리는 이제 유령이라고. 살아 있을 때는 다칠까 봐 무섭고, 죽을까 봐 무섭고, 유령을 볼까 봐 무섭잖아. 그런데 우리는 이미 죽었고, 다치지도 않고, 유령도 무섭지 않지."

그 말에 다른 어린이 유령들은 소름 끼치는 소리로 환호성을 지르며 공중에서 휙휙 공중제비를 넘었어요.

유령이 되니 정말이지 무서운 일은 하나도 없었지요.

그 사건이 터지기 전까지는 말이에요.

붉은 보름달이 낮게 뜬 어느 밤이었어요.

나이가 아주 많은 꼬부랑 유령이 모든 어린이 유령을 공동 묘지로 불러들였지요. 꼬부랑 유령이 몇 살인지는 아무도 몰라요. 꼬부랑 유령도 2000살까지 세다가 그만두었다고 하네요.

꼬부랑 유령은 어린이 유령들을 지그시 바라보았습니다. 어린이 유령들은 잔뜩 긴장을 한 채 꼬부랑 유령이 입을 열기를 기다렸어요.

붉은 보름달이 뜰 때 열리는 회의는 아주 중요하다는 것을 코흘리개 유령이라도 알고 있었거든요. 더구나 이번에는 어린이들만 불렀으니 분명 어린이들에 관한 회의일 거예요.

놀이 공원을 만들려는 것일지도 몰라요. 아니면 소풍을 가려는 걸까요?

"흠흠."

꼬부랑 유령이 헛기침을 했어요. 그러자 어린이 유령들도 "흠흠" "험험" "흥흥" "홍홍" 하고 헛기침을 했지요.

아이들이 조용해지기를 기다렸다가 꼬부랑 유령이 물었어요.

"여러분, 여러분은 이 묘지를 매우 좋아하지요?"

어린이 유령들은 모두 힘차게 "네."라고 대답했어요.

꼬부랑 유령은 흡족한 얼굴로 고개를 끄덕인 다음 또 물었어요.

"이 묘지가 여러분만의 것이 되면 좋겠나요?"

어린이 유령들은 아까보다 더 큰 소리로 대답을 했어요.

"네. 그게 바로 우리의 소원이에요."

꼬부랑 유령은 더욱 만족스러운 표정을 지었어요. 꼬부랑 유령은 손을 높이 쳐들고 말했어요.

"좋아요. 그럼 여러분의 소원대로 하겠습니다. 오늘부터 이곳은 여러분의 교실로 쓰일 것입니다. 그것도 평범한 교실이 아닌 바로 어린이들의 수학교실입니다."

어린이 유령들은 방금 자기가 들은 말을 믿을 수 없었어요.

"수학교실이라고요?"

"그래요. 여러분이 배워야 할 것은 아주 많지요. 과학, 문학, 사회, 역사 모두 아주 중요한 것이에요. 그런데 에헴, 에헴."

꼬부랑 유령은 갑자기 있지도 않은 수염을 쓰다듬으며 목청을 가다듬었지요.

"제가 바로 수학자거든요. 그래서 일단 수학교실을 열기로 했답니다. 어때요? 좋지요?"

어린이 유령들의 반응은 엄청납니다.

"우리는 일찍 죽은 덕분에 공부를 하나도 안 해도 되는데, 이제 와서 웬 고생이람. 더구나 수학이라니, 대체 유령이 수학 따위를 배워서 뭘 한담?"

삐딱이는 늑대 인간도 털이 쭈뼛해질 만큼 섬뜩하게 울부짖었고, 왕눈이는 너무 심하게 울어 눈알이 도로록 빠져 버렸지요.

까불이가 가슴을 움켜쥐며 헐떡였어요.

"아, 심장이 멈춰 버릴 것 같아. 숨을 쉴 수가 없어."

꼬부랑 유령이 차갑게 말했어요.

"우리는 유령이니까 심장이 안 뛸 텐데. 당연히 숨도 안 쉬고 말이야."

까불이는 순간 당황했지만 이내 둘러댔어요.

"그러니까 심장이 뛰는 건 큰일인 거예요. 어쨌거나 가슴이 답답해요. 꼭 숨을 쉬는 것처럼 말이에요."

까불이의 얼굴이 어찌나 안돼 보이던지 뚱땡이가 말했지요.

"숨을 쉬는 것 같다면 내가 인공호흡하는 것처럼 네 입이랑 콧구멍을 막아 줄게. 아, 해 봐."

그 말에 까불이의 몸이 꼿꼿해졌어요.

"아, 이제 심장이 멎은 것 같아. 한결 기분이 좋네."

꼬부랑 유령은 아이들의 반응에 기분이 아주 나빴어요. 대단한 환호까지는 아니더라도 박수갈채 정도는 기대했었거든요.

까불이와 삐딱이 같은 몇몇 대담한 녀석들은 슬쩍 도망치려 했어요. 하지만 묘지 주위에는 아이들에게 공부를 시키고 싶어 눈이 벌게진 어른 유령들이 진을 치고 있었기 때문에 곧 붙들려 왔지요.

꼬부랑 유령은 무섭게 말했어요.

"유령이 수학 따위를 왜 하느냐고? 수학은 우주의 언어이기 때문이야. 끝없이 넓은 세계를 탐험하기 위해 수학이 필요하지. 수학을 통해 머나먼 우주의 한 행성에 살고 있는 외계인에게 신호를 보낼 수 있을지도 몰라."

꼬부랑 유령은 말을 멈추고 어린이 유령들의 얼굴을 하나하나 들여다보았어요. 불타는 듯한 눈빛 때문에 어린이 유령들은 움찔했지요.

"어쩌면 수학을 통해 인간들과 대화를 나눌 수 있을지도 모르지."

꼬부랑 유령의 말에 어린이 유령들의 눈이 휘둥그레졌어요. 유령이라면 누구나 인간과 대화를 나누고 싶어 하거든요.

인간과 대화를 할 수 있다면 뜻하지 않게 이별하게 된 친구들이나 가족에게도 자기의 소식을 전할 수 있으니까요. 하지만 유령들은 살아 있는 인간과 직접 대화를 할 수 없어요. 유령과 인간을 이어 준다는 영매라는 사람들이 있기는 하지만, 제대로 유령의 말을 전할 수 있는 사람은 아주 드물지요. 사기꾼도 너무 많고요.

유령들도 물건을 움직이거나 자신의 모습을 인간에게 보여 줄 수 있어요. 하지만 그런 짓을 하면 무슨 말을 꺼내기도 전에 인간들은 파랗게 질려 기절해 버리기 때문에 따끈한 차를 마시며 차분하게 대화를 나누는 건 거의 불가능하죠.

죽은 지 얼마 안 된 왕눈이가 몸까지 떨며 물었어요.

"정말로 사람들과 수다를 떨 수 있어요? 엄마에게 하고 싶은 말이 너무 많아요."

"음, 수다까지는 모르지만 비상시에 꼭 필요한 정보를 주고받을 수는 있겠지."

꼬부랑 유령이 대답했어요.

"에이, 시시해. 난 인간들을 겁주는 게 좋아. 이렇게 말이야."

삐딱이가 혀를 죽 내밀어 자기

목에다 칭칭 감았어요.

"예끼, 그런 짓이나 하니까 인간들이 유령은 무섭기만 하고 아무짝에도 쓸모없는 존재라고 하는 거야. 만일 너희가 아주 멋진 식을 세워 인간들이 아무리 해도 풀 수 없었던 수학 문제를 푼다면 인간들은 유령을 존경하게 될 거야."

꼬부랑 유령이 아무리 말해도 아이들은 시큰둥했어요. 어린이 유령들에게는 수학 문제 따위나 인간의 존경 같은 건 아무래도 상관없거든요. 세상의 모든 어린이가 다 그렇겠지만, 어린이 유령들에게 중요한 문제는 지금 당장 놀 수 있느냐 없느냐 하는 것이었지요.

꼬부랑 유령은 고개를 절레절레 내저었어요. 달래서 설득을 하려 했는데 도무지 안 되겠다 생각한 꼬부랑 유령은 일단 밀어붙이기로 했어요.

"이미 결정된 일이니 투덜거려도 소용없다. 말이 나왔으니 당장 시작하도록 하겠다. 제1장. 수."

제1장 ★
유령들의 수학 공부 • 수

꼬부랑 유령이 아이들에게 물었어요.
"자, 수는 왜 필요할까?"
뭐든지 알고 있는 책벌레가 얼른 대답했어요.
"뭐가 얼마나 많은지 세려고요."
꼬부랑 유령이 고개를 끄덕였어요.
"그래. 가축들의 수를 세고, 나무에 달린 과일의 수를 세고, 지나간 날과 다가올 날을 세기 위해 수가 필요하지. 처음에는 빗금을 그리거나 돌을 하나씩 놓아서 수를 나타내었어."

"셀 것이 많지 않을 때에는 이런 방법만으로도 충분히 파악했지. 하지만 사회가 점점 복잡해지면서 큰 수를 세어야 할 일이 생겨났어. 점점 불어나는 가축의 수를 정확히 알아야 하고, 전쟁이 일어나면 군인의 수가 얼마인지도 알아야 했지. 사람들은 일정한 수를 묶어서 세는 방법을 떠올렸어. 5개씩 묶는다든지, 10개씩 묶는 식으로 말이야."

꼬부랑 유령은 아이들이 앉아 있는 비석 주변을 빙빙 돌며 설명을 이어 갔어요.

"이만큼의 비석을 하나하나 세는 것은 헷갈리기도 쉽고 시간도 오래 걸려. 하지만 묶어서 세면 아주 간단해."

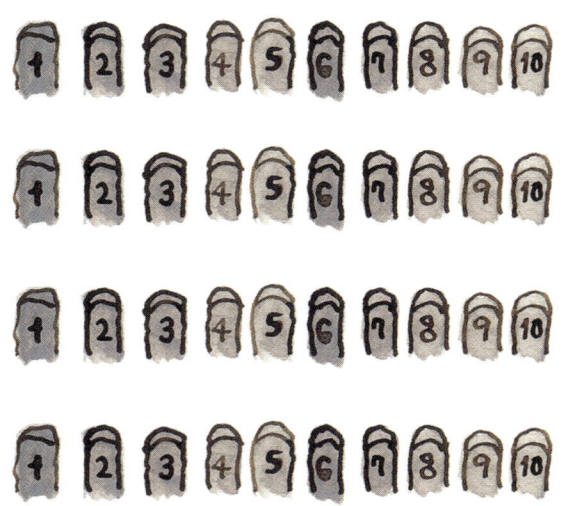

"하지만 10개씩 묶어 세기에도 이곳의 비석은 너무 많다고요. 묶어 세기 따위는 별 쓸모가 없어요."

삐딱이가 툴툴대며 답했어요.

"그래 네 말이 맞아. 그래서 자리 수가 생긴 거지. 자리 수는 묶음으로 수를 세는 것에서 시작되었어. 고대 이집트인들은 자리 수가 바뀔 때마다 새 기호를 만들었어.

그러나 이렇게 숫자를 적으려면 수가 커짐에 따라 계속 새로운 기호를 만들어야 했지. 계산도 복잡하고 말이야.

고대 바빌로니아인들은 두 수 사이에 간격을 두었지. 지금 너희가 배우는 자리 수처럼 숫자의 위치로 수를 표현했어.

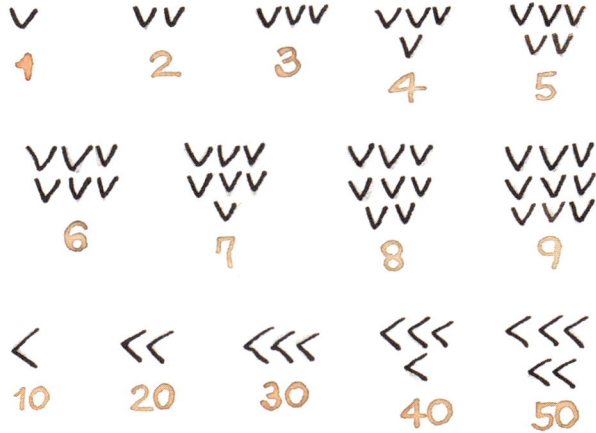

하지만 이것은 아주 혼란스러웠어. 두 수 사이의 간격은 기준이 없이 이랬다저랬다 했거든.

그런데 아주 획기적인 일이 일어났어. '0'이라는 숫자를 쓰기로 한 거야. 인도 사람들이 생각해 낸 '0'은 '아무것도 없다.'는 뜻이지만 자리를 표시하는 역할도 했어.

11, 101, 10001, 1000001…….

이처럼 빈 자리 수만큼 정확하게 0을 써넣으면 하나도 혼동되지 않아. 0이 자리 수를 나타내기 때문에 0의 개수에 따라 숫자가 나타내는 수는 완전히 달라지지."

10 (십, 0이 1개)
100 (백, 0이 2개, 10이 10개 있으면 100이 된다.)
1000 (천, 0이 3개, 100이 10개 있으면 1000이 된다.)
10000 (만, 0이 4개, 1000이 10개 있으면 10000이 된다.)
100000 (10만, 0이 5개, 10000이 10개 있으면 100000이 된다.)

꼬부랑 유령이 허공에 도깨비불로 0을 늘어놓는 동안 까불이는 도망칠 곳을 요리조리 살피고, 삐딱이는 귀를 막고 휘파람을 불었어요. 뚱땡이는 아까부터 0이 도넛처럼 보여 침을 질질 흘렸지요. 왕눈이는 꼬부랑 유령이 설명하는 것을 듣고 있으니 자꾸 엄마가 떠올라 눈물을 줄줄 흘렸어요. 왕눈이의 엄마는 수학 선생님이었거든요.

설명을 열심히 듣는 것은 책벌레뿐이었어요.

꼬부랑 유령은 잠깐 숨을 돌리고는 아이들에게 물었어요.

"너희 아주 큰 수를 세어 본 적이 있니?"

"저는 땅콩을 100개나 세어서 먹었던 적이 있어요."

뚱땡이가 말했어요.

"살아 있었을 때 엄마와 별을 1000개까지 세곤 했는데……."

왕눈이의 눈에는 눈물이 가득 고였어요.

"흥, 겨우 100이나 1000 가지고 호들갑은. 난 10만도 센 적이 있었다고."

삐딱이가 말했어요.

꼬부랑 유령이 깜짝 놀랐어요. 삐딱이가 그렇게 큰 수를 셀 거라고는 생각하지 않았거든요. 꼬부랑 유령이 대견한 듯 말했어요.

"그렇게 큰 수를 세려면 힘들었겠구나."

그러자 삐딱이가 코웃음을 쳤어요.

"힘들긴 뭐가 힘들어요? 만 원짜리 10장만 세면 10만이지요. 지갑을 쓱싹하면 자연히 돈부터 세는걸요. 아, 돈 세는 맛이란."

꼬부랑 유령은 삐딱이에게 다시는 소매치기를 하지 말라

고 말하려다 그만두었어요. 이미 유령이 된 아이들에게 그건 필요 없는 말이죠. 지갑을 가지고 다니는 유령은 하나도 없으니 말이에요.

꼬부랑 유령은 부드럽게 말했어요.

"10만보다 더 큰 수를 알고 있니?"

"100만이요. 살아 있었을 때 저희 엄마가 맨날 100만 원만 있으면 좋겠다고 했거든요. 저희 엄마는 돈을 아주 좋아하는데 100만 원만 말했으니까 분명 100만이 제일 큰 수겠지요."

까불이가 얼른 대답했어요.

꼬부랑 유령은 빙그레 웃으며 고개를 저었어요.

"100만도 큰 수이기는 하지만 훨씬 더 큰 수도 있단다."

왕눈이는 눈을 감고 엄마와 세던 별들을 떠올리며 하나하나 더해 가기 시작했어요. 그런데 기억 속의 별이 너무 많아, 세었는지 안 세었는지 자꾸 헛갈렸죠. 결국 왕눈이는 세는 걸 포기하고 눈을 떴어요.

한참 생각을 하던 책벌레가 말했어요.

"아주 큰 수를 생각할 수는 있어요. 하도 커서 다 쓰면 지구에서 달까지의 거리만큼 기다란 수를요. 그런데 그렇게 큰 수를 어떻게 읽는지는 모르겠어요."

꼬부랑 유령이 손뼉을 탁 쳤어요.

"그래그래. 그렇게 큰 수는 나도 어떻게 읽는지는 모른단다. 게다가 수란 말이다. 끝이 없단다. 너희가 아무리 큰 수를 생각해도 그것보다 큰 수가 있으니 말이다. 그래서 '무한'이라는 말이 있어. 끝이 없다는 거지."

"무한. 이게 가장 큰 수의 이름이군요. 알았어요. 그럼 오늘 수업은 끝!"

까불이가 꼬부랑 유령의 말을 끊

으며 휙 날아올랐어요. 하지만 뒤에서 지키고 있던 유령들에게 붙들렸지요.

꼬부랑 유령은 한숨을 내쉬었어요. 이 꼬마들에게 수학을 가르치려 했던 것이 벌써부터 후회가 되네요. 하지만 포기할 수는 없었어요. 꼬부랑 유령은 약해지는 마음을 다잡고 말했어요.

"수가 어떻게 생겨났는지 배웠으니 이제 셈에 대해 배워야지. 아무리 자리 수를 이용한다고 하더라도 수를 일일이 세는 것은 여전히 번거로웠지. 그리고 수를 셀 수 없는 상황도 있고 말이야. 사람들은 이런 문제를 해결하기 위해 덧셈, 뺄셈, 곱셈, 나눗셈 등을 만들어 냈어."

꼬부랑 유령은 열심히 설명을 했지만 아이들은 하나도 듣고 있지 않았어요. 이미 아이들의 머릿속은 다른 생각으로 가득했거든요. 심지어 책벌레마저 엉덩이가 들썩였어요.

꼬부랑 유령은 작게 한숨을 내쉬며 오늘 수업을 그만하기로 했어요. 첫날부터 너무 많이 하면 아이들이 수학에 질려 버릴 수도 있으니까요. 꼬부랑 유령은 흠흠, 목소리를 가다듬고 말했어요.

"오늘 공부는 그만하도록 하자."

아이들은 환호성을 지르며 꼬부랑 유령이 원하던 반응을 보였지요. 그러나 이어지는 꼬부랑 유령의 말에 아이들의 기쁨은 줄어들었어요.

"내일은 셈에 대해 공부할 테니 늦지 말고 12시까지 수학교실로 모이도록."

꼬부랑 유령과 어른 유령들이 떠나자 어린이 유령들은 긴급회의를 열었지요.

맨 먼저 까불이가 말했어요.

"보름달이 뜬 밤을 공부 따위로 낭비할 수는 없어. 우리 도망치자."

그런데 나머지 유령들이 찬성하지 않았어요. 심지어 삐딱이까지도요.

"도망이라면 살아 있을 때 하도 많이 쳐서 지긋지긋해. 유령이 돼서까지 도망치기는 싫어."

뚱땡이가 산딸기를 우물거리며 말했죠.

"나는 여기가 좋아. 맛있는 산딸기가 잔뜩 열려 있는걸. 아, 산딸기 잼을 바른 따끈따끈한 빵을 먹고 싶다."

배우는 것을 좋아하는 책벌레는 잠자코 있었어요. 공부가 좋아서 도망치기 싫다고 하면 삐딱이와 까불이가 놀릴 게 뻔하니까요.

왕눈이가 눈물을 흘리며 말했어요.

"집에 가고 싶어. 우리 엄마는 수학을 설명할 때 맛있는 과자랑 따뜻한 우유를 내주는걸."

왕눈이가 울자 책벌레도 울고 싶어졌어요. 엄마가 보고 싶은 건 아니에요. 책벌레는 죽은 지 100년도 넘어서 엄마 얼굴은 기억하지도 못해요. 하지만 왕눈이가 우는 것은 싫었지요.

뚱땡이가 물었어요.

"어떤 과자를 주는데?"

왕눈이는 흐느끼는 바람에 대답을 하지 못했어요.

까불이가 손뼉을 탁 쳤어요.

"좋아. 왕눈이를 집에 데려다 주자. 이건 도망치는 게 아니라 친구를 도와주는 거야. 공부도 빼먹을 수 있고 말이야."

이번에는 뚱땡이를 비롯한 삐딱이, 책벌레도 찬성했어요. 왕눈이는 너무 좋아서 눈물을 뚝 그쳤지요. 유령이 된 다음 집에 가 보고 싶었지만, 혼자서는 왠지 용기가 나지 않아서 한 번도 가지 못했거든요. 하지만 친구들과 함께라면 괜찮을 것 같았어요.

"왕눈이 집으로 출발!"

어린이 유령들은 안개처럼 어슴푸레한 몸을 이끌고 왕눈이가 살았던 마을로 향했어요.

마을에 도착했을 때에는 날이 밝아 오고 있었어요.

해가 뜨면 유령들은 완전히 투명해져서 인간들의 눈에는 보이지 않게 돼요. 하지만 힘이 빠지기 때문에 계속 날아다니기가 힘들지요. 그래서 아이들은 왕눈이의 집까지 버스를 타고 가기로 했지요.

아이들은 버스 정류장으로 갔어요. 왕눈이가 버스 정류장에 표시된 버스 번호를 손으로 가리켰어요.

"이 버스를 타면 우리 집이 나와."

"칠십팔십오 번 말이야?"

뚱땡이가 말했어요.

"그런 수는 없어. 이건 칠백팔십오야."

삐딱이가 잘난 척했죠.

그러자 책벌레가 답답함을 참지 못하고 허공에 숫자를 써 가며 설명했어요.

"아니야. 칠천팔십오라고 읽어. 칠백팔십오는 785라고 표

시해. 봐 봐, 전혀 다르잖아. 꼬부랑 선생님이 자리 수에 대해 설명했었지? 이걸 자리 수에 따라 적으면 이렇게 되지.

천의 자리	백의 자리	십의 자리	일의 자리
7	0	0	0
	0	0	0
		8	0
			5

7000 + 0 + 80 + 5
칠천   팔십   오

숫자가 위치하는 자리에 따라 나타내는 수가 달라. 7085에서 숫자 8은 80이란 수를 나타내고, 7805에서 숫자 8은 800이란 수를 나타내. 7058에서 숫자 8은 8이란 수를 나타내고, 8750에서 숫자 8은 8000이란 수를 나타내지. 수를 읽을 때에는 앞에서부터 차례대로 숫자와 자릿값을 함께 읽고 자리의 숫자가 0일 때에는 읽지 않아."

삐딱이의 얼굴이 시뻘게졌어요.

"누가 너한테 그딴 거 물어봤어? 들어 있는 숫자만 같으면 되지 샌님처럼 뭘 따지고 드냐? 7850이건 8057이건 그게 그거야."

마침 그때 7850번 버스가 왔어요.

"왔다. 왔어."

까불이가 버스 지붕 위에 올라타자 책벌레가 외쳤어요.

"이 버스가 아니라 7085번 버스를 타야 해. 어서 내려."

그러나 까불이는 혀를 날름거리며 내려올 생각을 하지 않았어요. 삐딱이도 덩달아 까불이 옆에 앉았어요.

"나도 이 버스 탈 거

야. 네 말 따위는 듣지 않을 거라고."

왕눈이와 뚱땡이가 발을 동동 구르는 사이 말썽꾸러기들을 실은 버스는 출발해 버렸지요.

그리고 바로 7085번 버스가 왔어요. 책벌레가 말했어요.

"바로 저 버스야. 왕눈아, 어서 가자. 네 집으로."

제2장 ★
옛 친구 날샌돌이 • 덧셈과 곱셈

다른 버스를 타 버린 까불이와 삐딱이는 왕눈이 집과는 전혀 다른 방향으로 가 버렸어요.

버스 지붕에 계속 매달려 있기도 너무 힘이 들었어요. 그렇다고 사람들이 우글우글한 버스 안으로 들어가면 인간이 풍기는 살 냄새 때문에 머리가 지끈지끈 아팠지요.

삐딱이가 투덜거렸어요.

"저 멍청한 놈 때문에 내가 웬 고생이람."

까불이도 발끈했어요.

"누가 타라고 했냐? 제 마음대로 타 놓고는 웬 시비람. 어디 한번 붙어 볼까? 덤벼 보라고."

"누가 겁먹을 줄 아냐? 싸움이라면 내가 져 본 적이 없다고."

그러나 이미 힘이 빠져 버린 둘은 실제로 싸우지는 못하고 괜히 툴툴거리기만 했어요. 둘이 티격태격하는 동안 버스는 종점에 도착했지요.

버스 운전사는 기지개를 켠 다음 쉬러 나갔어요. 까불이와 삐딱이는 지붕에 앉아 주위를 살폈지요. 텅 빈 버스들이 가득한 이곳은 버스들의 묘지 같아 보였지요.

까불이와 삐딱이는 흥분되었어요. 둘 다 살아 있는 어린이였을 때에 버스를 운전해 보고 싶었거든요. 그래서 저마다 마음에 드는 버스로 들어갔어요. 유령이니까 버스 문이 잠겨 있어도 스르륵 통과해 버렸지요.

"부릉부릉, 거기, 코딱지만 한 자동차, 비키시오. 버스가 나갑니다."

까불이가 핸들을 잡고 신 나게 소리를 질렀지요.

그러자 갑자기 어디에선가 걸쭉한 목소리가 들렸어요.

"거참, 소란스럽구먼. 아니, 벌써 날이 밝았나? 슬슬 일어나야겠군."

까불이는 너무 놀라 순식간에 버스 밖으로 날아갔어요. 까불이는 삐딱이를 찾아갔어요.

"삐딱아, 누가, 내 목소리를 들었어. 어어, 저기……."

삐딱이는 못 믿겠다는 얼굴로 말했어요.

"멍청아, 대체 누가 우리 목소리를 들을 수 있다는 거야?"

"정말이야. 내가 소리를 질렀더니 소란스럽다고 했어. 저기 저 버스야."

삐딱이와 까불이는 조심조심 소리가 난 버스를 향해 다가갔어요. 그리고 유리창 너머로 안을 들여다보았지요.

버스 안에는 아이들과 같은 유령이 있었어요. 그런데 좀 이상해요.

아이들이야 지금 왕눈이네 집에 가려고 낮에 나왔지만 보통 유령들은 낮에는 무덤에 들어가 있거든요. 특히 어른들은요.

그런데 이 유령은 덩치가 커다란 어른인데도 콧노래를 흥얼거리며 제일 뒷좌석에 앉아 귀를 후비고 있었지요.

유령을 한참 바라보던 삐딱이가 "앗!" 하고 외마디 소리를 질렀어요. 까불이가 깜짝 놀라 물었지요.

"대체 왜 그래?"

삐딱이는 그 질문에는 대답도 하지 않고 쏜살같이 버스 안으로 들어갔어요.

"날쌘돌이, 너 날쌘돌이가 맞지?"

삐딱이가 묻자 어른 유령은 깜짝 놀라 삐딱이를 유심히 살폈어요.

"어, 삐딱이구나. 야, 죽었을 때 모습 그대로인걸. 이렇게 다시 만나다니 반갑다."

날쌘돌이와 삐딱이는 서로 부둥켜안고 허공을 빙글빙글 돌았어요.

삐딱이를 따라 안으로 들어온 까불이는 깜짝 놀랐어요. 삐딱이가 저렇게 웃는 모습은 처음 봤거든요.

겨우 진정이 된 삐딱이는 까불이에게 날쌘돌이를 소개했어요.

"나랑 함께 소매치기를 하던 친구야. 우리는 갓난아이 때부터 함께 고아원에서 자랐고 고아원에서도 같이 도망쳤지."

"그래. 이 녀석이 사고를 당하는 바람에 혼자가 되었지만 말이야. 나는 살아 있는 내내 밤에 활동하고 낮에 잠을 잤더니 유령이 되어서도 다른 유령들과 거꾸로 활동하는 게 편하지 뭐냐. 그래서 밤에는 자고 낮에 돌아다닌단다."

"너는 어쩌다 죽은 거야?"

삐딱이가 묻자 날쌘돌이는 자기가 살아온 이야기를 들려주었어요.

삐딱이가 죽자 날쌘돌이는 소매치기를 그만두었어요. 혼자서 소매치기를 하려니 더 어렵기도 하거니와 삐딱이만큼 실력 있고 마음도 맞는 친구를 찾을 수 없었던 거죠.

날쌘돌이는 가게나 공사장에서 일하며 그날그날 먹고살았지요. 그러다 고깃배를 타게 되었어요. 날쌘돌이가 탔던 것은 자그마한 오징어 배였지요. 오징어는 밤에 물 위로 올라오기 때문에 밤에 일을 했지요.

날쌘돌이는 처음으로 자기의 일이 좋았어요. 차가운 달빛에 은빛으로 빛나는 바다를 보는 것도 좋았고, 반짝반짝 보석처럼 빛나는 오징어를 낚아 올리는 일도 재미있었어요. 배에 가득 실린 오징어를 보면 가슴이 뿌듯했지요. 배 주인도 열심히 일하는 날쌘돌이에게 친절했어요.

그러던 어느 날이었어요. 주인이 심한 감기에 걸리는 바람에 날쌘돌이는 배의 키를 조종하는 키잡이와 단둘이 오징어

를 잡으러 가게 되었지요. 주인이 날쌘돌이에게 주의를 주었어요.

"너무 욕심을 내서 오징어를 잡으면 안 돼. 짐이 너무 무거우면 배가 가라앉으니까 말이다. 오징어의 무게를 다 더했을 때 절대로 500kg을 넘지 않도록 해야 해."

날쌘돌이는 걱정 말라며 배를 띄웠지요.

그런데 그날따라 오징어가 정말 많은 거예요. 날쌘돌이는 정신없이 오징어를 잡아 올렸어요. 주인이 한 말을 기억하며 오징어가 담긴 상자의 무게를 달았어요.

126kg, 147kg, 178kg

날쌘돌이는 상자 각각의 무게를 달고 또 달았지만, 이걸 전부 다 더하면 얼마나 되는지는 알지 못했지요. 날쌘돌이는 오로지 돈 계산만 할 줄 알았거든요.

날쌘돌이는 할 수 없이 키잡이에게 오징어 상자의 무게를 계산해 달라고 부탁했지요.

키잡이는 배를 멈춰 놓고 오징어 상자의 무게를 계산했답니다. 바로 이렇게요.

126 + 147 = 2613

키잡이는 소리를 질렀죠.

"너무 무거워. 가라앉기 전에 당장 상자 하나를 버려야 해."

키잡이는 날쌘돌이가 말릴 틈도 없이 오징어 126kg을 바다에 던져 넣었어요. 그리고 다시 키를 잡으러 올라갔지요.

날쌘돌이는 남아 있는 상자 2개를 바라보았어요. 이건 아무리 봐도 양이 너무 적었어요. 주인과 함께 왔을 때에는 가득히 채운 상자가 적어도 3개는 되었거든요.

'키잡이 아저씨가 계산을 잘못한 것 같은데. 에이, 그냥 내가 계산할걸.'

그때 까불이가 끼어들었어요.

"잠깐만. 계산이 맞는 것 같은데. 6+7은 13이니까 말이야."

```
  1 2 6
+ 1 4 7
-------
2 6 1 3
```

까불이가 제법 능숙하게 유리창에 계산을 하자 날쌘돌이가 웃었지요.

"아니야. 13은 10+3이잖아. 10은 십의 자리로 가서 다른 십의 자리에 있는 수들과 합해야 해."

```
  1
  1 2 6
+ 1 4 7
-------
  2 7 3
```

"그만, 그만."

삐딱이는 짜증을 냈어요. 그도 그럴 것이 반가운 친구를 만났는데 덧셈에 대한 설명이나 듣고 있다니요.

"야, 그다음에 어떻게 되었는지 말해 봐."

삐딱이의 말에 날쌘돌이의 이야기가 이어졌지요.

날쌘돌이는 다시 오징어를 잡아 올리고 무게를 달았어요.

$$147 + 178 + 187$$

$$\begin{array}{r}147\\+178\\\hline 215\end{array} \Rightarrow \begin{array}{r}215\\+187\\\hline 392\end{array}$$

"좋아, 500kg을 넘지 않았어."

날쌘돌이는 키잡이에게 신호를 보냈고 배는 출발했지요.

하지만 배는 항구에 닿기도 전에 가라앉고 말았어요. 잽싸게 달아난 키잡이는 살아남았지만, 날쌘돌이는 배를 구하려고 끝까지 애쓰다가 죽고 말았던 거예요.

까불이는 마구 박수를 쳤어요.

"진짜 감동적인 이야기야. 그런데 이상한 게 있어. 배가 왜 가라앉았지?"

날쌘돌이가 대답했어요.

"내가 받아올림을 안 했거든. 제대로 계산하면 이렇게 돼."

$$\begin{array}{r}\overset{1\,1}{1}47\\+178\\\hline 325\end{array} \Rightarrow \begin{array}{r}\overset{1\,1}{3}25\\+187\\\hline 512\end{array}$$

이야기를 듣는 내내 삐딱이는 날쌘돌이를 찬찬히 뜯어보았어요.

"넌 언제까지 살았던 거야? 너 나랑 동갑이었는데 이제 완전히 어른이 되었네."

"네가 죽고 15년을 더 살다가 죽었어. 정확히 말하면 14년과 231일이지. 잠깐만."

날쌘돌이는 버스 유리창에 대고 손가락으로 숫자를 썼어요. 그러자 김이 서리는 것처럼 부옇게 숫자가 나타났지요.

"1년은 365일. 14년이 모두 며칠인지 알려면 365 × 14를 계산해야 해. 365 × 14는 365가 14묶음 있는 거지."

날쌘돌이는 버스 유리창에 365의 14묶음을 정성스럽게 그렸어요.

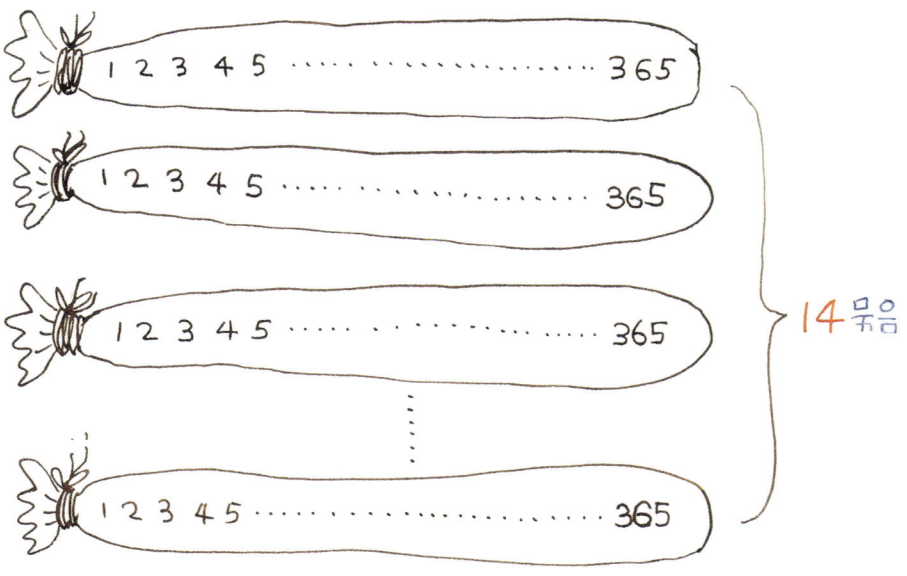

"이건 이렇게 바꿀 수 있어."

$(365 \times 10) + (365 \times 4)$

날쌘돌이는 자기가 쓴 식을 잠시 보더니 365 × 4를 다음처럼 다시 나누었어요.

① 365 = 300 + 60 + 5
365 = 300 + 60 + 5
365 = 300 + 60 + 5
365 = 300 + 60 + 5

② 300 × 4 = 1200
60 × 4 = 240
5 × 4 = 20

③   1200
   240
+   20
―――――
  1460

"흠, 푸는 과정이 너무 기네. 짧게 나타내야겠다."

날쌘돌이는 이런 식을 썼어요.

```
     365
 ×    14
 ―――――――
    1460   (365×4)
    3650   (365×10)
 ―――――――
    5110
```

삐딱이는 입을 딱 벌리고 날쌘돌이를 바라보았어요. 날쌘돌이는 아랑곳 않고 계산을 해 나갔어요.

"그런데 14년 동안 윤년이 3번 있었으니까 3을 더해야지. 윤년은 2월이 29일까지 있는 해를 말해. 4년마다 한 번씩 찾아오지. 5110+3=5113이고 여기에 231일을 더하면 돼.

$$\begin{array}{r} 5113 \\ +231 \\ \hline 5344 \end{array}$$

네가 죽고 5344일 후에 내가 죽었구나."

삐딱이는 눈알이 튀어나올 만큼 놀랐어요. 날쌘돌이가 이런 쓸데없는 계산을 하는 데 힘을 쓰다니요. 삐딱이가 알던 날쌘돌이는 돈 계산이 아니면 어떤 셈도 하지 않았거든요.

날쌘돌이는 무심코 시계를 보더니 펄쩍 뛰었어요.

"시간이 벌써 이렇게 되었나? 서둘러. 학교에 늦겠다."

삐딱이는 귓구멍을 후볐어요.

"어? 뭐라고? 내가 뭘 잘못 들은 것 같은데."

"학교에 늦을 것 같으니 서두르자고."

삐딱이는 기절할 듯이 놀랐어요. 만일 이미 유령이 되지 않았더라면 심장 마비로 죽었을지도 몰라요.

"대체 어떻게 된 거야? 학교라니? 옛날에 학교 따위는 좀생이들이 다니는 곳이라면서 경멸했잖아. 혹시 죽으면서 머리를 다친 거 아니야?"

날쌘돌이는 삐딱이의 반응이 재미있다는 듯 웃었어요.

"머리를 다친 건 아니야. 죽고 나서야 공부를 해야겠다고 깨달은 거지. 내가 수학을 조금만 더 알았더라면 죽지도 않았을 거고 오징어 배를 가라앉히지도 않았을 거야."

날쌘돌이의 얼굴에 슬픈 기색이 어렸어요. 하지만 곧 날쌘돌이는 쾌활하게 웃었어요.

"살아 있었을 때에는 먹고사는 게 힘들어 공부할 생각을 못 했지. 그런데 이렇게 유령이 되고 나니 공부할 시간이 많아서 좋아. 게다가 인간에게는 보이지 않으니 시험도 안 치고, 수업 시간에 떠든다고 혼나지도 않잖아. 자, 어서 학교에 가자고."

"좋아."

까불이는 선뜻 대답을 했어요. 공부라면 싫지만 새로 알게 된 날쌘돌이와 좀 더 있고 싶었거든요.

"난 싫어. 공부가 싫어서 여기까지 왔는데 인간들이 득실득실한 학교에 가다니, 말도 안 돼."

삐딱이가 투덜거렸지만 날쌘돌이는 계속 달랬어요.

"정 지겨우면 중간에 그냥 나가도 돼. 어차피 우리는 유령이니까 우리가 있는지 없는지 아무도 모를 거야."

날쌘돌이의 성화에 삐딱이는 마지못해 승낙했지요.

날쌘돌이는 아이들을 업고 학교까지 날아갔어요. 삐딱이는 날쌘돌이가 자기보다 훨씬 큰 어른이 된 것도, 정말 어른스러워진 것도 마음에 들지 않았지요.

날쌘돌이가 물었어요.

"그나저나 너희는 어떻게 낮에 여기까지 온 거야?"

까불이가 수학 공부를 하기 싫어 떠난 이야기와 수를 못 읽어 버스를 잘못 탄 이야기를 들려주었어요. 날쌘돌이가 점잖게 타일렀어요.

"이런, 수를 읽고 쓰는 건 물론이고 셈도 할 줄 알아야지."

그렇지 않아도 햇볕을 받아 머리가 지끈거리던 삐딱이는 화를 냈어요.

"수, 수, 수. 대체 그딴 게 뭔데? 유령이 된 지금 수 따위가 무슨 소용이 있냐고?"

날쌘돌이는 부드럽게 말했어요.

"유령이 수를 읽고 덧셈, 뺄셈을 하는 게 우스워 보일 수 있겠지. 하지만 나는 알고 싶어. 내가 살아 있는 동안 놓쳤던 것이 무엇인지 말이야."

제3장 ★
인간들의 수학교실 • 뺄셈과 나눗셈

유령들은 학교 2층에 있는 교실로 들어갔어요. 깡마르고 눈이 커다란 선생님이 아이들을 가르치고 있었어요. 까불이와 삐딱이는 선생님이 어딘지 모르게 낯이 익었지만 어디에서 봤는지 알 수 없었지요.

"오늘은 아주 배배 꼬인 문제를 풀겠어요."

선생님의 말에 교실 여기저기에서 당장 아우성이 일어났지요.

"안 돼요. 배배 꼬인 문제를 풀면 머리도 배배 꼬인다고요."

아이들의 반응에 선생님은 약간 짓궂게 웃었어요.

"그럼 아주 조금만 배배 꼬인 문제를 풀겠어요. 자, 공책을 펴요."

아이들은 부스럭거리며 공책을 폈어요. 아이들이 때가 꼬질꼬질하게 낀 손으로 수업 준비를 하는 모습을 보자 삐딱이는 이상하게 마음이 부드러워졌어요.

선생님은 칠판에 문제를 적었지요.

세상에 단 하나밖에 없는 빛나는 비늘을 가진 물고기가 알을 4124개 낳았습니다. 그런데 안타깝게도 욕심쟁이 메기가 알 2368개를 먹어 버렸지요. 반짝이 물고기는 남은 알을 똑같이 나누어 서로 다른 장소 4곳에 숨기기로 했어요. 1곳에 숨겨진 알은 몇 개일까요?

아이들은 사락사락 소리를 내며 따라 쓰기 시작했어요. 물론 뒷자리에서 딴짓을 하는 녀석들도 있었지만요.

"저런 이상한 문제가 다 있담. 물고기 알이 몇 개 남았건 무슨 상관이야?"

삐딱이가 못마땅해하며 큰 소리로 말했어요. 하지만 날쌘돌이는 삐딱이의 말은 들은 척도 않고 바닥에 문제를 열심히 베껴 적었지요.

더벅머리 아이가 큰 소리로 투덜거렸어요.

"메기가 몽땅 먹어 버렸다면 좋았을 텐데. 그러면 남아 있는 알은 0개이니까 계산 안 해도 되잖아."

선생님이 더벅머리 아이에게 물었어요.

"하지만 메기는 2368개만 먹었지. 메기가 먹어 버리고 남은 알은 몇 개일까?"

더벅머리 아이는 대뜸 대답했지요.

"그야 4124에서 2368을 빼고 남은 거겠지요."

선생님은 고개를 끄덕였어요.

"맞아요. 그럼 답이 얼마인지 앞에 나와서 계산해 볼래요?"

"이렇게 큰 수 뺄셈은 배우지 않았는걸요."

더벅머리가 항의했지만 선생님은 자신 있게 말했어요.

"두 자리 수 뺄셈을 할 수 있다면 세 자리 수, 네 자리 수 뺄

셈도 할 수 있어요. 열 자리 수 뺄셈도 할 수 있을걸요. 하는 방법은 똑같으니까요. 일단 자리 수를 맞추어 위아래로 늘어놓은 다음 일의 자리 수부터 차례로 빼는 거예요. 한번 해 보세요."

더벅머리 아이는 칠판 앞에 서서 문제를 풀어 나가기 시작했어요.

$$
\begin{array}{r}
4124 \\
-2368 \\
\hline
6 \quad (14-8) \\
40 \quad (60-20) \\
200 \quad (300-100) \\
2000 \quad (4000-2000) \\
\hline
2246
\end{array}
$$

더벅머리 아이는 자신 있는 얼굴로 손에 묻은 분필 가루를 탁탁 털었지요.

선생님이 아이의 어깨를 토닥여 주었어요.

"수고했어요. 그런데 안타깝게도 맞는 답이 아니에요. 어디가 잘못되었을까요?"

그러자 단발머리 여자아이가 번쩍 손을 들었어요.

"앞의 수에서 뒤의 수를 빼야 하는데 영철이는 뒤죽박죽으로 뺐어요. 그리고 20에서 10을 가져와서 10이 돼야 하는데 그렇게 계산하지 않았고요."

"그래요. 그럼 다운이가 한번 고쳐 볼까요?"

다운이가 앞에 나와 고쳐 나가기 시작했어요.

$$\begin{array}{r} \overset{110}{4\cancel{1}\cancel{2}4} \\ -2368 \\ \hline 6\ (14-8) \end{array}$$

다운이는 잠시 망설이다 물었어요.

"10에서 60을 못 빼니까 백의 자리에서 가져오는 건가요? 백의 자리에서 부족한 수는 천의 자리에서 가져오는 거고요?"

선생님은 고개를 끄덕였지요.

$$
\begin{array}{r}
{\scriptstyle 3\ 10\ 11\ 10}\\
\cancel{4}\cancel{1}\cancel{2}\cancel{4}\\
-2\ 3\ 6\ 8\\
\hline
6\quad(14-8)\\
50\quad(110-60)\\
700\quad(1000-300)\\
1000\quad(3000-2000)\\
\hline
1756
\end{array}
$$

선생님이 미소를 지었어요.

"자 이제, 1곳에 숨겨진 알의 개수를 알아볼까요? 4곳에 똑같이 나누었다고 했으니까 1곳에 숨겨진 알의 개수는 이렇게 나타낼 수 있어요."

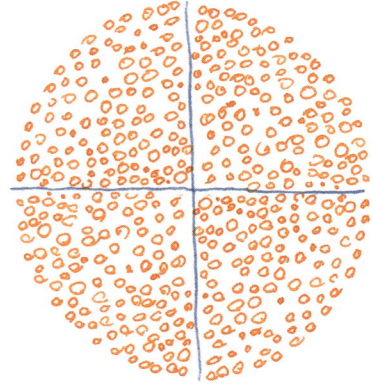

"1곳에 있는 알의 개수를 구하려면 나누기를 해야 하지요. 1756÷4예요. 나눗셈은 덧셈, 뺄셈, 곱셈과는 다르게 앞에 있는 자리부터 계산을 해야 해요.

$$4 \overline{)1756}$$

제일 앞자리에 있는 1에는 4가 들어갈 수 없으니까 다음 자리로 가요. 17에 4가 몇 개 들어갈 수 있나요?"

"4개요."

"좋아요. 그럼 여기에 4를 써요."

"자, 되었지요? 1곳에 숨겨진 물고기의 알은 439개예요. 이걸 식으로 나타내면 이렇게 되지요."

(물고기 알의 수-잡아먹힌 알의 수)÷4=1곳에 숨겨진 알의 수

아이들은 손마디가 하얗게 될 정도로 연필을 꽉 쥐고 계산을 했어요. 선생님은 돌아다니며 계산을 어려워하는 아이들에게 몇 번이고 찬찬히 설명했어요.

삐딱이는 바로 앞에 있는 단발머리 여자아이의 공책을 쓱 넘겨보았어요.

자기 또래의 아이들이 능숙하게 뺄셈과 나눗셈을 하는 모습에 삐딱이는 샘도 나고 부럽기도 했지요.

"저 따위 것, 죽으면 아무 소용도 없는걸."

"조용히 좀 해 줄래? 집중이 안 돼서 말이야."

날쌘돌이와 함께 문제를 풀던 까불이가 손가락을 입에 대고 주의를 주었어요.

삐딱이는 어처구니가 없었지요. 부글부글 치밀어 오르는

화를 주체할 수 없어 그냥 교실 밖으로 나가 버렸어요.

복도로 나온 삐딱이는 멈춰서 까불이와 날쌘돌이가 쫓아 나오기를 기다렸어요. 그런데 아무도 나오지 않는 거예요. 날쌘돌이와 까불이는 삐딱이가 사라진 것도 모를 정도로 수업에 푹 빠졌거든요.

삐딱이는 더욱 기분이 나빠져서 사람이 없는 학교 뒤뜰로 나갔지요.

'다 필요 없어. 친구도 쓸데없다고.'

삐딱이는 나무 그늘 아래 누워 가슴에 손을 얹었어요.

이상하게 가슴 한구석이 텅 빈 것 같아요. 이런 기분은 살아 있었을 때에도 한 번도 못 느꼈고 유령이 된 후에는 더욱이 느껴 본 적이 없지요.

삐딱이가 한참을 엎치락뒤치락하는데 발소리가 나더니 누군가 나무 그늘 아래로 들어왔어요.

아까 그 수학 문제를 냈던 선생님이에요. 순간 삐딱이는 선생님이 자기를 찾으러 온 줄 알고 깜짝 놀랐어요.

당황한 삐딱이는 자기가 유령이라는 사실도 잊고 나무 뒤에 숨었어요.

하지만 선생님은 삐딱이 쪽은 보지도 않고 나무에 등을 기대고 앉더니 혼잣말을 하기 시작했어요.

"너에게는 예쁜 조약돌로 덧셈과 뺄셈을 가르쳐 주었지. 곱셈이랑 나눗셈도 말이야. 너는 점점 큰 수에 관심을 가졌고 우리는 더 많은 조약돌이 필요했지. 그래서 조약돌을 주우러 바닷가에 갔어."

선생님은 소리 죽여 흐느꼈어요.

삐딱이는 방금 전까지는 즐겁게 수업을 하던 선생님이 저렇게 슬프게 운다는 사실이 믿기지 않았어요. 흔들리는 선생님의 어깨를 보자 삐딱이도 울고 싶어졌어요. 선생님은 계속 혼잣말을 했어요.

"가지 말걸. 가지 말걸. 내 예쁜 딸, 그 차가운 바닷속에서 얼마나 무서웠을까? 왕눈이, 내 예쁜 딸."

삐딱이는 왜 선생님의 얼굴이 낯익었는지 그제야 알았어요. 왕눈이와 똑같이 닮았기 때문이었어요.

삐딱이는 선생님 곁으로 가서 자기의 투명한 손을 선생님의 머리에 얹었어요. 그리고 선생님의 귓가에 대고 또박또박 말했지요.

"왕눈이는 잘 있어요. 지금 엄마를 만나러 집으로 가고 있다고요. 그러니까 울지 마세요."

선생님은 그 말을 알아듣기라도 한 듯 눈물을 닦고 일어섰어요. 그리고 교실로 돌아갔어요.

삐딱이도 날쌘돌이와 까불이를 찾으러 교실로 갔어요.

까불이가 아이들의 콧구멍에 차가운 숨을 불어넣으면 아

이들이 마구 재채기를 했어요. 날쌘돌이는 그걸 보고 배꼽이 빠져라 웃었어요.

삐딱이는 까불이를 낚아챘어요.

"아까 그 선생님이 왕눈이의 엄마야. 왕눈이가 엄마를 보러 집에 왔다는 사실을 알려 줘야 해. 왕눈이가 잘 있다는 사실도 말이야."

날쌘돌이가 끼어들었어요.

"하지만 우리는 유령이야. 살아 있는 인간은 우리의 목소리를 들을 수 없다고."

하지만 삐딱이는 이미 까불이를 끌고 선생님을 뒤쫓아 갔어요.

제4장 ★
왕눈이 집에서의 하룻밤 • 분수의 덧셈과 뺄셈

왕눈이, 뚱땡이, 책벌레는 버스를 타고 왕눈이의 집에 도착했어요.

왕눈이의 집은 담쟁이넝쿨이 멋지게 자란 빨간 벽돌집이에요. 왕눈이는 2층에 있는 동그란 창문 안으로 날아 들어갔어요.

맑은 하늘색 벽지로 꾸민 방에는 작은 침대와 책장, 나무로 만든 탁자와 등받이 의자가 있었어요. 침대에는 토끼, 사자,

곰 인형들이 놓여 있었지요.

왕눈이는 행복한 얼굴로 방을 둘러보았어요.

"모든 게 그대로야. 내 책들도, 탁자도, 의자도 말이야. 엄마랑 모은 조약돌들도 그대로네."

왕눈이는 조약돌 하나를 들어 가만히 손안에 쥐어 보았어요. 왕눈이는 하나도 변하지 않은 자신의 방에 있으니 추억이 새록새록 밀려와 목이 메었어요.

그러나 뚱땡이는 먹는 것 생각으로 머리가 꽉 차 왕눈이의

기분을 전혀 알아채지 못했지요.

"꼭 찹쌀떡처럼 생겼네. 유령이니까 하나쯤 먹어도 죽지는 않겠지."

뚱땡이는 조약돌 하나를 집어 누가 말릴 새도 없이 입에 넣었어요.

"에페페, 무슨 맛이 이렇담. 돌멩이 맛이네."

뚱땡이는 조약돌을 뱉어 내고 얼굴을 잔뜩 찡그렸어요. 그 모습이 우스워 왕눈이와 책벌레는 큰 소리로 웃고 말았지요. 왕눈이는 웃고 나자 한결 기분이 가벼워졌어요.

뚱땡이가 고개를 절레절레 흔들었어요.

"그나저나 배고파 죽겠다. 부엌에 내려가서 먹을 게 있나 보자."

"대체 어떤 유령이 배가 고파 죽겠냐? 우리는 유령이니까 음식을 먹을 필요가 없다고."

책벌레의 말에 뚱땡이는 배를 쑥 내밀었어요.

"모르는 소리. 유령에게 음식은 몸을 위한 게 아니라 영혼을 위한 거라고. 게다가 유령이 수학까지 배우는 마당에 음식이 필요 있는지 없는지를 따지는 게 더 이상해."

부엌에 온 아이들은 눈이 휘둥그레졌어요. 천장에는 소시지들이 주렁주렁 매달려 있고, 벽에는 줄로 엮인 마늘들이 잔뜩 걸려 있었죠. 식탁에 놓인 커다란 유리 항아리에는 알록달록 사탕들이 가득 들어 있고요. 먹을 것으로 가득한 부엌은 꼭 식료품 가게 같았어요.

뚱땡이가 연신 두리번거렸어요.

"야, 천국이 따로 없네."

뚱땡이는 소시지를 통째로 입에 넣으면서 우물거렸어요.

"저마 햄뽀해께따."

"뭐라고? 야, 소시지 빼고 말해. 하나도 못 알아듣겠잖아."

책벌레가 말하자 뚱땡이가 한숨을 쉬며 소시지를 뱉었어요.

"정말 행복했겠다고."

왕눈이는 대답 대신 그리움에 젖은 눈으로 둘러보다가 벽에 붙은 종이를 발견했어요.

'어, 저건?'

왕눈이는 종이 앞으로 가서 한참을 들여다보았어요.

책벌레가 왕눈이 어깨 너머로 종이에 적힌 것을 봤어요.

"$\frac{1}{2}$? $\frac{2}{3}$? 이건 뭐지?"

"분수라는 거야. 분수는 10이나 27처럼 수를 나타내는 게 아니라 전체에서 차지하는 부분의 양을 나타내는 거야.

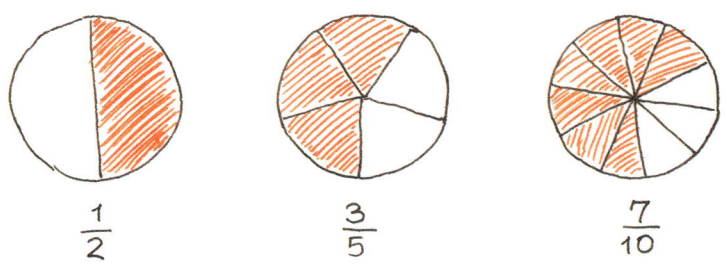

이건 내가 죽기 전날 엄마랑 함께 적었던 거야. 다음 날 바닷가에 다녀와서 함께 만들기로 했거든."

왕눈이의 눈시울이 붉어졌지요. 책벌레는 무거워진 분위기를 어떻게든 바꿔 보고 싶은 마음에 일부러 큰 소리로 말을 했어요.

"아, 알았다. 이걸 전부 더하면 네가 좋아하는 음식이 되는구나. 그러니까 딸기 $\frac{1}{2}$컵에 우유 $\frac{1}{2}$컵을 더하면 $\frac{2}{4}$컵이네. 거기에다 설탕 $\frac{1}{2}$을 더하면 $\frac{3}{6}$이지? 와, 정말 맛있는 딸기 우유가 만들어지겠는걸."

왕눈이는 여전히 슬픈 얼굴로 고개를 저었어요.

"아니야. 분수를 더하는 법은 좀 특별해. 분모는 더하지 않고 분자만 더하는 거야.

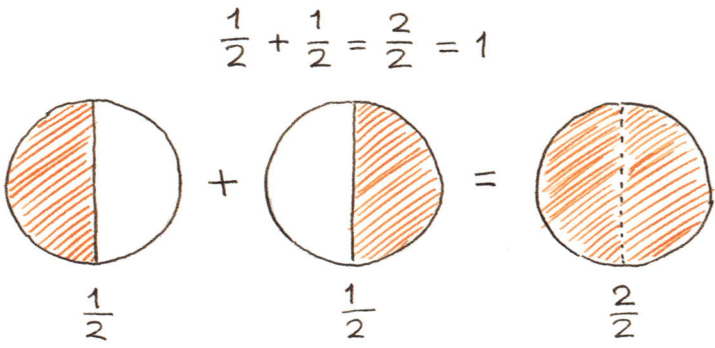

그리고 컵과 숟가락은 전체의 크기가 다르기 때문에 우유와 설탕은 같이 더할 수 없어."

책벌레는 연신 고개를 끄덕였어요. 곁에서 함께 설명을 들

던 뚱땡이가 호들갑스럽게 말했지요.

"재미있다. 땅콩 크림은 내가 해 볼래."

땅콩 크림 만들기 : 크림 $\frac{1}{2}$컵, 땅콩 $\frac{1}{2}$컵, 설탕 $\frac{1}{4}$컵, 소금 $\frac{2}{3}$숟가락

"컵은 컵끼리 더하면 $\frac{1}{2} + \frac{1}{2} + \frac{1}{4}$……."

땅콩 크림 만드는 법을 한참 보던 뚱땡이는 고개를 갸웃했어요.

"어? $\frac{1}{4}$과 $\frac{1}{2}$은 분모가 서로 다르네. 어떻게 하지?"

왕눈이는 차분히 설명했어요.

"분모가 다를 경우에는 분모를 같게 만들어야 하지. 분수는 전체에 대한 부분의 양이라고 했잖아. 그럼 $\frac{1}{2}$은 $\frac{2}{4}$와 같다는 걸 알 수 있지."

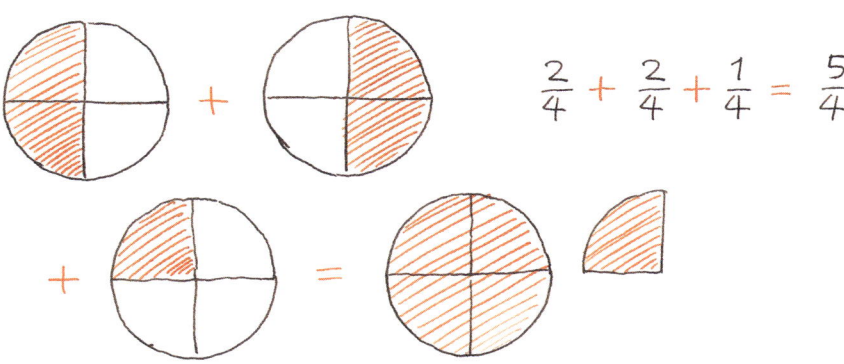

"어, 이건 부분이 전체보다 크잖아. 어떻게 이럴 수가 있지? 그럼 전체를 더 크게 만들어야 하나?"

책벌레가 안경을 벗어 닦았어요. 흥분한 나머지 살아 있었을 때의 습관이 나와 버린 거죠. 왕눈이의 설명이 이어졌어요.

"분자가 분모보다 큰 분수, 즉 전체보다 큰 분수를 가분수라고 해. 이건 $1\frac{1}{4}$이라고 다시 쓸 수 있어. 이렇게 표시하는 건 대분수야. 가분수와 같은 양이지만 나타내는 방법만 다르지. $\frac{5}{4}=1\frac{1}{4}$"

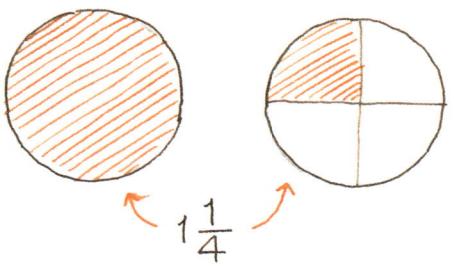

"버터 과자는 내가 해 볼 거야."

버터 과자 만들기: 밀가루 $1\frac{2}{5}$컵, 버터 $\frac{4}{5}$컵, 우유 $\frac{2}{5}$컵

$$1\frac{2}{5} + \frac{4}{5} + \frac{2}{5}$$

뚱땡이는 잠시 분수를 보다 이렇게 그림을 그렸지요.

$1 + \dfrac{2}{5} + \dfrac{4}{5} + \dfrac{2}{5}$

$= 1 + \dfrac{8}{5}$

$= 1 + 1 + \dfrac{3}{5}$

$= 2\dfrac{3}{5}$

"어때 맞지?"

뚱땡이가 자신 있게 답을 내밀었어요.

"그래 맞아. 분수를 하다 헷갈리면 그림을 그려 보면 되지. 엄마도……."

그때 끼익 하고 문 여는 소리가 났어요. 왕눈이가 말을 멈추고 잔뜩 긴장한 얼굴로 문 쪽을 돌아보았어요.

거기에는 왕눈이가 그렇게 보고 싶어 했던 엄마가 서 있었어요. 왕눈이 엄마를 따라온 삐딱이와 까불이도 그 옆에 있었어요.

왕눈이는 자기가 유령이라는 사실도 잊고 달려가 엄마를 와락 안았어요. 그런데 왕눈이의 몸이 엄마를 그대로 통과해 버렸어요. 엄마는 왕눈이가 안았다는 사실도 모른 채 터덜터덜 방으로 들어가 문을 닫아 버렸어요.

왕눈이는 비틀거리며 그 자리에 주저앉아 버렸지요.

유령들은 열심히 왕눈이를 위로하려 했어요. 삐딱이가 학교 뒤뜰에서 본 것을 말해 주었어요.

"너희 엄마는 너를 정말로 그리워하고 있어."

삐딱이, 까불이와 함께 온 날쌘돌이도 거들었어요.

"그래. 선생님이 언뜻언뜻 슬픈 얼굴로 하늘을 볼 때가 있거든. 분명 너를 생각하고 있었던 거야."

하지만 왕눈이의 표정은 좀처럼 밝아지지 않았어요. 그토록 보고 싶어 하던 엄마가 자기의 존재조차 알아채지 못한 것이 너무 속상했어요.

물론 자기가 유령이기 때문에 그럴 수밖에 없다는 것은 알고 있지만, 머리로 알고 있는 것과 마음으로 받아들이는 것은 다르니까요.

"네 모습을 보여 주는 건 어때?"

뚱땡이가 말했어요.

"그건 안 돼. 엄마가 기억하고 있는 나는 저렇단 말이야."

왕눈이는 벽에 걸려 있는 사진을 가리켰어요. 사진 속의 왕눈이는 엄마와 함께 활짝 웃고 있었어요. 뺨이 발그레한 건강한 모습이었지요. 왕눈이는 슬픈 눈으로, 창백하고 투명해서 뒤의 사물까지 비쳐 보이는 자신의 몸을 보았어요.

"엄마가 이런 모습을 보면 더 슬퍼할 거야."

왕눈이는 두 손으로 얼굴을 가려 버렸어요.

방문이 열리며 엄마가 나왔어요. 편하게 집에서 입는 옷으로 갈아입고 화장도 다 지운 모습을 보자 왕눈이는 다시 엄마에게 달려가고 싶었어요. 하지만 방금 전의 일을 떠올리며 꾹

참았지요.

　엄마는 부엌으로 가더니 앞치마를 두르고 머릿수건도 썼어요. 그리고 반들반들하게 잘 닦인 요리 도구들을 꺼냈어요.

　엄마는 이것저것 재료를 섞어 과자 반죽을 만들었어요. 뚱땡이는 손가락으로 반죽을 찍어 맛을 보았어요.

　"와, 정말 맛있다. 최고야."

　엄마는 반죽을 조가비 모양의 틀로 찍어 낸 다음 오븐에 넣었어요. 과자를 굽는 엄마의 얼굴은 행복해 보였어요. 왕눈이는 슬펐어요.

　'전에는 나를 위해서 조가비 과자를 만들어 줬지만 이제는 나도 없는데 왜 저렇게 많이 만드는 걸까? 누구를 위해서 만드는 거야?'

　얼마 지나지 않아 달콤한 냄새가 집 안 가득 퍼졌어요.

　엄마가 부엌에서 일을 다 끝냈을 때는 늦은 밤이었어요. 낮 동안 돌아다니느라 피곤했던 어린이 유령들과 날쌘돌이는 부엌에서 그대로 잠이 들어 버렸군요. 달이 저렇게 높이 떴는데 말이에요.

왕눈이만 커다랗고 퀭한 눈으로 엄마를 바라봤어요.

엄마는 행주를 깨끗이 빨아 넌 다음 방으로 들어갔지요. 왕눈이도 엄마를 따라 들어갔어요. 엄마가 이불을 덮고 눕자 왕눈이도 엄마 옆에 바짝 달라붙어 누웠어요. 엄마는 커다란 눈을 천천히 깜빡이며 중얼거렸어요.

"별 하나, 별 둘, 별 셋, 별 넷……."

엄마는 왕눈이와 함께 별을 세던 밤을 떠올리고 있어요. 왕눈이도 눈을 깜빡이며 말했어요.

"별 다섯, 별 여섯……."

지금 왕눈이가 세는 별은 저 하늘의 별이 아니라 엄마 눈 속에 숨어 있는 별들이에요. 별을 374개까지 세자 눈꺼풀이 스르륵 내려오더니 왕눈이는 쌔근쌔근 잠이 들었어요.

햇살이 가득한 환한 부엌에서 엄마가 음식을 만들고 있어요. 냄비에서는 부글거리며 국이 끓고 프라이팬에서는 지글거리는 소리가 났죠. 왕눈이는 식탁에 앉아 나눗셈을 하고 있어요. 꿈속에서 왕눈이는 살아 있는 아이의 모습이에요.

제5장 ★
유령, 인간을 구하다 • 응용문제

아이들은 덜그럭거리는 소리에 눈을 떴어요.
왕눈이 엄마가 바쁘게 짐을 싸고 있어요.
"뭐야? 아침부터 시끄럽게."
삐딱이가 성질을 부렸어요.
"우음, 이상하게 몸이 무겁네. 아, 날지도 못할 것 같아."
까불이가 엉덩이를 꼼틀꼼틀 흔들었어요.
일어나지 못하는 것은 책벌레도 마찬가지고 뚱땡이는 코

까지 골며 자고 있고요.

원래 낮에 활동하던 날쌘돌이만 기분 좋게 일어났어요.

"오늘은 토요일이어서 수업도 없는데 선생님은 어디를 가시는 걸까? 야, 꼬맹이들, 어서 일어나! 선생님이랑 왕눈이가 어디 가려는 것 같아. 우리도 따라가 보자."

날쌘돌이가 아이들을 억지로 일으켜 차에 모두 태웠어요.

유령이어서 좋은 점이 또 있네요. 짐이 아무리 많아도 탈 수 있어요. 안전벨트는 당연히 할 필요가 없지요.

차는 마을을 빠져나와 포장도 안 된 울퉁불퉁한 길을 달렸어요.

"속이 이상해. 토할 것 같아."

까불이의 얼굴이 누르뎅뎅하게 되었어요.

삐딱이가 까불이를 노려보았어요. 삐딱이 역시 멀미가 났지만 유령 체면이 구겨질까 봐 입도 벙긋 안 하고 있었거든요. 삐딱이는 유리창에 이마를 붙이고 창밖을 보았어요.

다른 유령들도 상태가 좋지는 않았어요. 책벌레는 아까부터 삶은 미역처럼 흐물흐물하게 늘어져 있고, 뚱땡이는 과자가 들어 있는 봉투에 얼굴을 넣고 뺄 생각도 안 해요. 버스 타는 것에 익숙한 날쌘돌이와 왕눈이만 멀미를 하지 않아요. 왕눈이는 잠시도 눈을 떼지 않고 엄마의 옆얼굴을 바라보았어요.

한참 후 도착한 곳은 3층 벽돌 건물이었어요. 날쌘돌이와 삐딱이가 눈이 쟁반만 해졌어요.

"어, 여기는 우리가 지내던 고아원이잖아."

왕눈이 엄마가 온 곳은 삐딱이와 날쌘돌이가 지냈던 고아원이었지요.

왕눈이 엄마가 초인종을 누르자 풍채 좋은 아저씨가 나왔어요. 혈색이 좋은 불그스름한 얼굴에 배가 불룩 나온 아저씨는 산타클로스처럼 인자해 보였어요. 왕눈이 엄마를 본 아저씨는 너털웃음을 터뜨리며 인사를 했지요.

"아이고, 또 오셨군요."

아저씨의 목소리에 삐딱이와 날쌘돌이는 총에 맞은 듯이 펄쩍 뛰며 동시에 말했어요.

"왕초다."

"왕초? 그게 누군데."

까불이가 물었어요.

"바로 저 사람, 이 고아원 원장이야. 보기와는 다르게 성격은 아주 꼬장꼬장하지."

날쌘돌이가 말했어요.

"맞아. 걸핏하면 벌이나 주고 말이야. 정말이지 저 원장 때문에 내가 써야 했던 반성문들을 생각하면 치가 떨린다니까."

삐딱이가 거칠게 말했어요.

그러나 날쌘돌이와 삐딱이의 말과는 다르게 왕눈이 엄마와 마주한 왕초는 사람이 아주 좋아 보였지요.

"아이고, 뭐 이런 걸 다. 어서 들어오시죠. 마침 아이들이 식당에 모여 있어요."

왕눈이 엄마가 식당에 들어가자 아이들이 한꺼번에 환호성을 질렀어요.

"어, 왕눈이 아줌마. 오늘은 뭐 가지고 왔어요?"

"맛있는 과자예요. 한 사람당 3개씩 먹을 수 있어요."

왕눈이 엄마는 즐거운 얼굴로 아이들에게 과자를 나누어 주었어요. 왕눈이는 과자를 먹는 아이들도, 아이들에게 자기가 좋아하는 과자를 만들어 주는 엄마도 다 미웠어요.

'엄마는 왜 저렇게 행복해 보이지? 이제 나는 완전히 잊어 버린 거야?'

"민호와 석환이가 안 보이네."

왕눈이 엄마의 말에 뺨이 빨간 여자아이가 대답했지요.

"벌 받고 있어요. 도깨비 탈을 쓰고 깜깜한 화장실에 숨어

있다가 들어오는 아이들을 놀라게 했거든요. 그래서 애들이 막 울었어요. 저도 울었어요. 원장 선생님이 '다시는 나쁜 장난을 치지 않겠습니다. 어린아이들을 겁주지 않겠습니다.'를 100번 쓸 때까지는 방에서 나오지 못한다고 했어요."

"할 수 없구나. 민호랑 석환이 것은 따로 빼놓자."

"아줌마, 이것도 왕눈이 누나가 좋아하는 거예요?"

남자아이 하나가 입이 미어지게 과자를 넣고 물었어요.

"그럼. 우리 왕눈이가 정말 좋아하는 과자지."

"왕눈이 언니 얘기 더 해 주세요."

왕눈이 엄마는 아이들에게 왕눈이에 대해 말하기 시작했어요.

"처음 왕눈이를 보면 다들 아주 얌전하고 다소곳한 아이라고만 생각해. 하지만 알고 보면 고집도 세고 장난치는 것도 좋아하지. 왕눈이는 말이야……."

엄마가 묘사하는 왕눈이의 모습은 정말 생생하고 사랑스러워서 꼭 곁에 살아 있는 것만 같았어요. 아이들은 숨을 죽이고 왕눈이 엄마의 이야기에 귀를 기울였어요.

왕눈이 엄마는 왕눈이와 게임을 하던 이야기도 했어요.

"왕눈이는 숫자 퍼즐을 좋아해. 너희도 한번 해 볼래? 내가 준비해 왔거든."

왕눈이 엄마는 준비해 온 숫자와 기호 카드를 가방에서 꺼내 다음과 같이 늘어놓았어요.

왕눈이는 금세 이것들이 무엇인지 알아챘어요. 왕눈이가 살아 있었을 때 엄마와 자주 하던 놀이였거든요.

왕눈이 엄마는 아이들에게 게임하는 방법을 설명했지요.

"숫자 카드를 한 번씩 사용하고 +, - 기호를 써서 가운데 수인 6이 되도록 식을 만들어야 해."

아이들은 카드를 이리저리 살폈어요.

삐딱이도 곁눈질로 문제를 힐끔거렸지요.

'흠, 7+5-8을 하면 12-8이니까 4. 이건 아니구나. 8+7-5를 하면 15-5=10. 이것도 아니야. 뭐야? 답이 없는 건가?'

삐딱이가 입을 씰룩거리며 문제를 노려보는데 머리를 짧게 깎은 남자아이가 손뼉을 탁 쳤어요.

"알았어요. 8-7+5=6 이렇게 하면 돼요."

삐딱이는 자기보다 어려 보이는 아이가 문제를 풀자 자존심이 상했지요.

방금 문제를 푼 아이가 물었지요.

"왕눈이 누나가 이런 것도 할 수 있어요?"

"음, 물론. 왕눈이가 얼마나 똑똑한데."

왕눈이 엄마는 가슴을 쑥 내밀면서 당당하게 대답했지요.

엄마와 아이들의 대화를 듣던 왕눈이는 이상한 점을 알아차렸어요.

"엄마가 나에 대해 옛날 일이 아니라 지금 일처럼 말하고 있어. 마치 내가 살아 있는 것처럼 말이야."

왕눈이는 엄마 목에 두 손을 감았어요. 이제야 왜 엄마가 왜 여기를 찾아오는지, 왜 자기가 좋아하는 과자를 구웠는지 이해를 한 거예요.

"이번에는 좀 더 어려운 걸 해 볼까?"

엄마는 다시 한 번 수를 늘어놓았어요.

아이들은 문제를 풀어 보려고 낑낑댔지요.

삐딱이도 저도 모르게 계산에 몰두했어요. 하지만 쉽게 답이 나오지는 않았어요. 삐딱이는 마음이 조급해졌어요.

'일단 일의 자리 수를 셈한 것이 9가 되도록 해야 하지. 일의 자리 수를 차례대로 써 보면 9, 5, 3, 8 아, 알겠다. 5+3-8=0이니까 9만 더하면 돼. 45+23-78+89=99 이렇게 하면 되나? 아니야 45+23=68. 68에서는 78을 뺄 수 없어. 78에서 68을 빼면 몰라도. 아, 맞아. 이렇게 하면 되겠구나.'

삐딱이는 마음을 가다듬고 계산을 했어요.

89+78-45-23=99

'어, 됐다. 내가 혼자 풀었어.'

삐딱이는 자기 혼자 문제를 푼 것이 정말 기뻤어요. 소매치기를 시작해 처음으로 지갑을 슬쩍했을 때만큼이나요.

삐딱이는 신이 난 나머지 주먹을 치켜들고 큰 소리로 외쳤어요.

"답을 알아냈어. 바로 89+78-45-23=99야."

어린이 유령들이 눈을 동그랗게 뜨고 삐딱이를 보았어요.

삐딱이는 쑥스러워서 버럭 소리를 질렀지요.

"뭘 봐. 쳐다보지 마."

화를 내는 척했지만 삐딱이는 기분이 아주 좋았지요. 날쌘돌이가 왜 수학에 관심을 가지게 되었는지 아주 조금 알 것 같기도 했고요.

그런데 아까부터 날쌘돌이가 보이지 않네요. 아이들이 과자며 꼬치를 나눠 먹을 때부터 없었던 것 같군요. 삐딱이는 슬그머니 아이들 곁을 떠나 날쌘돌이를 찾아다녔어요.

'혹시 거기에 있나?'

삐딱이는 3층 복도 끝에 있는 318호로 향했어요. 삐딱이가 고아원에 있었을 때 심한 장난을 치거나 싸움을 하면 무조건 318호에서 벌을 받았지요. 벌은 언제나 무지막지하게 긴 반성문을 쓰는 것이었어요. 그 당시 날쌘돌이와 삐딱이는 고아원 최고의 말썽꾸러기였기 때문에 둘은 거의 매일 318호에서 지냈지요. 날쌘돌이와 삐딱이의 우정이 그 방에서 시작되었다고 해도 지나친 말이 아니었어요.

아니나 다를까, 저기 날쌘돌이의 엉덩이가 반만 밖으로 나와 있군요.

삐딱이는 날쌘돌이의 엉덩이를 뻥 걷어차려다 그만두고 방 안으로 자기도 얼굴을 집어넣었지요.

방에는 딱 보기에도 개구쟁이 같은 남자아이 둘이 심술 난 얼굴로 공책에 무엇인가를 적고 있었지요. 그러다 들창코 아이가 연필을 탁 내려놓았어요.

"좋아. 결심했어. 난 사나이답게 100번을 쓰지 않겠어."

다른 아이가 걱정스럽게 말했지요.

"하지만 석환아, 100번을 다 쓰지 않으면 여기에서 나갈 수 없잖아."

"왜 못 나가? 몰래 나가면 되지. 이참에 아예 고아원에서 탈출할 거야. 여기만 나가면 지긋지긋한 공부도, 청소도 할 필요 없다고. 민호야, 같이 탈출하자."

석환이가 민호를 꼬드겼어요.

삐딱이와 날쌘돌이는 어렸을 때가 생각났지요. 둘 다 장난꾸러기였지만 삐딱이가 훨씬 더 대담했지요. 고아원을 뛰쳐나온 것도 삐딱이가 먼저 제안했던 것이고요.

날쌘돌이는 너무 걱정이 된 나머지 삐딱이 생각도 않고 이렇게 말해 버렸지요.

"그러면 안 돼. 자칫하면 소매치기나 하게 된다고. 그러다 사고라도 당하면 큰일인데."

삐딱이는 홱 고개를 돌려 날쌘돌이를 노려보았어요.

"그러니까 네 말은 저 녀석들이 나처럼 될까 봐 걱정이라는 거야? 네 눈에는 내가 그렇게 한심해 보였냐?"

"그게 아니라. 앗, 안 돼."

날쌘돌이가 삐딱이의 어깨 너머를 뚫어지게 보았어요. 날쌘돌이의 시선을 따라 뒤를 돌아본 삐딱이 역시 눈이 휘둥그레졌지요.

석환이가 창문을 열고 밖으로 뛰어내렸어요. 여기는 3층인데 말이에요.

날쌘돌이와 삐딱이는 외마디 소리를 지르며 창문으로 날아갔지요.

"휴."

창밖을 내려다본 유령들은 가슴을 쓸어내렸어요. 석환이

가 창문 가까이 가지를 드리운 나무에 매달려 있었어요. 자세도 자연스러운 게 한두 번 해 본 솜씨가 아니었어요.

　민호도 석환이를 따라 나뭇가지에 매달렸어요. 두 아이는 다람쥐처럼 재빠르게 나무를 타고 내려갔어요.

"네가 저 녀석들을 따라가. 내가 다른 유령들에게 말할게."

날쌘돌이는 삐딱이가 대꾸할 틈도 주지 않고 자리를 떴어요. 삐딱이는 날쌘돌이 말을 따르는 게 내키지 않았지만 어린 아이들을 그냥 내버려 둘 수는 없었지요. 삐딱이는 아이들을 뒤쫓았어요.

아이들과 즐겁게 시간을 보낸 왕눈이 엄마는 가져온 물건들을 챙겨 고아원을 나섰고, 다른 유령들도 재잘거리며 왕눈이 엄마를 따라 나갔지요.

날쌘돌이가 다급하게 유령들은 불러 세우고는 민호와 석환이가 달아났다는 사실을 알렸어요,

"어서 사람들에게 알려서 그 아이들을 찾아 나서야 해."

뚱땡이가 고개를 저었어요.

"사람들은 우리 목소리를 듣지 못하는걸."

날쌘돌이가 왕눈이에게 말했어요.

"왕눈아, 엄마에게 신호를 보내는 건 어떨까? 글을 쓰거나 네 엄마를 움직일 힘은 없지만, 가벼운 물건을 들어 올리는 것

정도는 우리도 할 수 있잖아."

왕눈이는 기겁을 하며 뒷걸음질쳤어요.

"하지만 그런 짓을 하면 엄마가 무서워할 거야. 엄마를 놀라게 하기는 싫어."

"유령이 너라는 것을 알린다면 너희 엄마도 마음을 놓을 거야. 우리가 아무것도 하지 않으면 그 아이들이 어떻게 되겠어?"

날쌘돌이가 강경하게 말하자 왕눈이는 눈물이 그렁그렁해져 입술을 잘근잘근 깨물었어요.

까불이가 제안을 했지요.

"왕눈이 엄마가 가지고 온 카드로 왕눈이가 엄마랑 하던 수학 놀이를 하는 건 어떨까? 그럼 엄마가 왕눈이라는 것을 알아차릴 수 있을 거야."

"그래. 그거 좋은 생각이다. 왕눈아, 여기까지 왔으니 용기를 내서 해 보자. 너희 엄마도 네가 온 걸 알면 기뻐할 거야."

왕눈이는 친구들의 얼굴을 하나씩 바라보았어요. 그리고 결심을 했지요.

"좋아."

왕눈이는 온 힘을 다하여 엄마의 가방에서 카드를 꺼냈어요. 인간의 물건을 실제로 움직이는 것은 어린 유령에게 아주 힘든 일이었지만 왕눈이는 집중을 해서 그 일을 해냈지요.

왕눈이 엄마는 난데없이 카드들이 저절로 움직이자 깜짝 놀라며 비명을 질렀어요. 그런데 이번에는 더욱 놀라운 일이 일어났어요.

카드들이 저절로 움직이면서 수학식을 만드는 거였지요. 사실은 왕눈이가 카드를 움직이고 있었지만 엄마의 눈에 왕눈이는 보이지 않으니까요. 왕눈이 엄마의 얼굴에는 두려움과 놀람이 뒤섞였지요.

왕눈이는 기도하는 마음으로 카드를 집어 식을 만들었지요. 왕눈이는 떨리는 손으로 모양과 부호가 있는 카드들을 골

라 늘어놓았어요.

"에잉? 이게 뭐야?"

뚱땡이가 고개를 갸웃거리자 왕눈이가 말했어요.

"각각의 모양은 각각 다른 숫자를 나타내. 표시된 식을 보고 각 모양이 어떤 숫자를 나타내는지 알아맞히는 거야."

엄마는 뚫어져라 왕눈이가 늘어놓은 식을 보았어요.

왕눈이는 이맛살을 찌푸리고 계산에 몰두했어요.

"(네 자리 수) - (세 자리 수) = (세 자리 수)이니까 앞에 있는 ★은 반드시 1이야."

왕눈이는 ★ 자리에 1을 놓았어요.

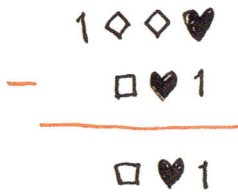

"♥ - 1 = 1이기 때문에 ♥는 2가 되지."

♥ 자리에는 2를 놓았어요.

인간에게는 아주 가벼운 카드지만 유령인 왕눈이에게는 태산처럼 무겁게 느껴졌어요.

$$\begin{array}{r} 1\diamond 2 \\ -\square 21 \\ \hline \square 21 \end{array}$$

"◇ - 2 = 2이기 때문에 ◇는 4가 돼."

$$\begin{array}{r} 1442 \\ -\square 21 \\ \hline \square 21 \end{array}$$

"14 - □ = □니까 □는 7이라는 것을 알 수 있어."

왕눈이는 □자리에 7을 놓고 기진맥진한 채로 엄마의 얼굴을 바라보았어요.

왕눈이 엄마가 하얗게 질린 얼굴로 주저앉으며 중얼거렸어요.

"왕눈이니?"

왕눈이는 너무 기쁜 나머지 엄마가 자기를 볼 수 없다는 사실도 잊고 고개를 끄덕였어요.

왕눈이 엄마는 보이지 않는 딸을 찾기 위해 제자리를 빙글빙글 돌며 왕눈이의 이름을 불렀지요. 왕눈이는 엄마가 자기의 존재를 알아차렸다는 사실이 기쁘면서도 믿기지 않아 멍하니 있었어요. 책벌레가 재촉했어요.

"어서 아이들이 사라졌다는 사실을 알려야 해. 내게 좋은 수가 있어. 왕눈아, 숫자 카드로 47 - 2를 표시해 봐."

왕눈이는 책벌레가 시키는 대로 카드를 늘어놓으려 했지만 아까 너무 힘을 많이 써서 더 이상 카드를 움직일 수 없었어요. 그래서 까불이가 대신 카드를 놓았지요.

왕눈이의 엄마는 무슨 뜻인지 선뜻 알아차리지 못했어요. 그러자 뚱땡이가 말했어요.

"아까 너네 엄마가 민호랑 석환이 준다고 과자 6개 남겨 두

었잖아. 그걸 이용하면 어떨까?"

뚱땡이의 말에 까불이가 잠시 생각하더니 47-2 옆에 $\frac{2}{47}$, $\frac{6}{141}$ 라고 숫자를 다시 늘어놓았어요. 분수를 표시할 때는 뺄셈 카드를 이용했지요.

왕눈이 엄마가 이마에 주름을 잡으며 중얼거렸어요.

"여기에 있는 아이들의 수가 47명이니까 $\frac{2}{47}$ 란 여기 있는 아이들 중 2명이란 거구나. 이 옆에 있는 $\frac{6}{141}$ 은 내가 가져온 과자 중 6개란 거겠지. 6개는 민호와 석환이한테 나눠 줄 과자였는데. 음, 석환이와 민호에 대해 말하고 싶은 거구나."

왕눈이 엄마의 표정이 살짝 심각해졌어요. 왕눈이 엄마는 허공을 보며 말했어요.

"혹시 그 아이들에게 무슨 일이라도 있는 거야?"

왕눈이와 다른 유령들은 동시에 대답했어요.

"아이들이 도망쳤어요. 어서 찾아야 해요."

물론 왕눈이 엄마에게는 유령들의 목소리가 들리지 않았지요. 왕눈이 엄마는 여전히 혼란스러운 표정으로 서 있었어요. 왕눈이는 어떻게 상황을 설명해야 하는지 몰라 답답했어요.

그때였어요. 아이들을 쫓아갔던 삐딱이가 쏜살같이 날아왔어요.

"큰일 났어. 아이들이 길 건너 창고에 갇혔어."

"무슨 말이야? 아이들이 왜 창고에 있어?"

날쌘돌이가 묻자 삐딱이가 그사이에 일어난 일을 설명했어요.

민호와 석환이는 막상 고아원을 벗어나려니 갈 곳이 없었지요. 그래서 일단 길 건너편 창고에 숨어 계획을 짜기로 했어요.

창고 입구 철문에는 다이얼 자물쇠가 달려 있었지만 민호가 자물쇠를 여는 법을 알고 있었지요. 예전에 고아원 아이들이 창고 주인을 도와 창고를 청소했을 때 외워 두었던 것이죠.

민호가 다이얼을 몇 번 돌리자 문은 쉽게 열렸어요.

아이들은 끼익 소리가 나는 철문을 열고 들어가 얼른 문을 닫았지요. 창고에는 아주 작은 창 하나만 나 있었기 때문에 어둑어둑했어요. 석환이가 벽을 더듬어 스위치를 올렸어요. 그런데 불이 들어오지 않는 거예요. 몇 번이나 스위치를 껐다 켰지만 결과는 마찬가지였어요.

당황한 아이들은 되돌아 나가려고 했지만 철문은 열리지 않았어요. 창고 문이 망가져 밖에서만 열리는데 아이들이 그걸 미처 몰랐던 거예요.

어둠에 갇힌 아이들은 겁에 질려 문을 두드리며 소리를 질렀어요. 하지만 창고는 고아원 건물에서 떨어져 있기 때문에 아무에게도 아이들의 외침은 들리지 않았어요.

"아줌마를 그곳으로 데리고 가야 해. 삐딱아, 아이들이 있는 곳으로 안내해 줘."

날쌘돌이가 숫자 카드 2를 들고 삐딱이를 쫓아갔어요. 왕눈이 엄마는 숫자 카드 2가 둥실둥실 날아가자 흠칫 놀랐지만 이내 침착하게 카드 뒤를 쫓아 달렸어요.

책벌레가 남은 카드들을 챙겨 뒤를 쫓았지요. 뚱땡이가 아직 힘을 회복하지 못한 왕눈이와 까불이를 부축하고 쫓아갔어요.

창고에 다다르자 아이들이 문을 두드리는 소리가 들렸어요. 왕눈이 엄마가 문을 열려고 했지만 다이얼 자물쇠가 굳게

잠긴 문은 꿈쩍도 하지 않았지요.

"번호를 맞추지 않으면 열리지 않을 텐데. 하지만 번호를 대체 어디서 알 수 있담? 이 창고 주인 연락처도 모르고."

왕눈이 엄마가 발을 동동 굴렀어요.

그러자 삐딱이가 말했어요.

"자물쇠를 열면서 민호가 말하는 걸 들었어. 하지만 우리가 자물쇠를 푸는 방법을 안다 해도 문을 열 수는 없어. 이런 걸 돌릴 수 있는 힘이 없으니까 말이야."

그러자 날쌘돌이가 싱긋 웃었어요.

"그런 걱정은 마. 자물쇠를 돌리는 건 왕눈이 엄마가 해 줄 거야. 우리는 네가 아는 내용을 숫자로만 나타내면 돼."

삐딱이는 눈을 감고 천천히 들었던 내용을 떠올렸어요.

"처음에 바늘을 0에다 놓아. 왼쪽으로 전체의 $\frac{2}{15}$가 되는 눈금만큼 돌려. 다음에는 오른쪽으로 전체의 $\frac{5}{12}$만큼 돌리고, 그 다음에는 왼쪽으로 지금까지 움직인 눈금 양의 $\frac{1}{3}$만큼 눈금을 움직인다고 했어."

"확실해? 그렇게 복잡한 걸 네가 한 번만 듣고 외웠다고?"

까불이가 미심쩍게 물었어요.

다른 유령들도 입을 떡 벌리며 놀라움과 의심을 금치 못하자 날쌘돌이가 나섰어요.

"이 녀석 기억력 하나는 살아 있었을 때부터 끝내줬지. 삐딱이의 기억력은 틀림없어. 자, 삐딱이가 말한 걸 숫자로 나타내 보자."

날쌘돌이가 눈금을 살폈어요.

"전체 눈금이 60개 있구나. 그럼 60을 15등분하려면 60을 15로 나눠야지. $60 \div 15 = 4$. 60의 $\frac{1}{15}$은 4야. 그런데 $\frac{2}{15}$는

$\frac{1}{15}$이 2개 있는 거니까 60의 $\frac{2}{15}$는 8이지. 이건 눈금을 8칸 움직이라는 거야."

"그럼 0 다음에는 바늘을 8에 놓으면 되는 거네."

까불이가 성급하게 말하자 삐딱이가 고개를 저었어요.

"아니야, 0에서 왼쪽으로 움직인다고 했으니까 반대쪽으로 8칸이야. 52에 놓아야지. 다음에는 눈금 52에서 오른쪽으로 60의 $\frac{5}{12}$만큼 움직여야 해. 60을 12로 나누면 5, $\frac{1}{12}$이 5개니까 $\frac{5}{12}$는 25야. 그럼······."

삐딱이가 계산을 하느라 멈칫거리자 뚱땡이가 얼른 말했어요.

"왼쪽으로 8칸 움직인 건 빼야 하니까. 25-8=17. 눈금 17에 놓으면 되네."

삐딱이는 뚱땡이가 자기보다 먼저 답을 맞힌 것이 분했어요.

"나도 알아. 다음에는 다시 왼쪽으로 지금까지 움직인 눈금의 $\frac{1}{3}$만큼 움직이면······."

"20칸을 움직이면 돼."

삐딱이가 말을 끝내기도 전에 까불이가 끼어들었어요. 삐딱이의 얼굴이 험악해졌어요. 삐딱이는 인상을 쓰며 까불이에게 소리를 쳤어요.

"자꾸 끼어드니까 생각을 할 수 없잖아. 그리고 20칸이 아니야. 전체의 $\frac{1}{3}$이 아니라 지금까지 움직였던 눈금의 $\frac{1}{3}$이니까. 처음에 8칸 움직였고 두 번째에는 25칸 움직였으니까 모두 33칸 움직였어. 33의 $\frac{1}{3}$은 33÷3=11. 눈금을 11칸 왼쪽으로 움직여야 해. 17에서 11칸 왼쪽은 눈금 6. 좋아. 이걸 차례대로 숫자로 나타내자."

숫자를 늘어놓는 건 뚱땡이가 했어요. 다른 유령들은 지쳐서 카드를 움직일 힘이 남아 있지 않았거든요. 왕눈이와 까불이는 아까 숫자 카드를 움직이느라 지쳤고, 날쌘돌이는 카드 2를 들고 한참을 움직이느라 지쳤고, 책벌레는 카드를 챙겨 오느라 지쳤지요. 삐딱이는 안 쓰던 머리를 갑자기 쓰느라 지쳤고 말이에요.

왕눈이 엄마는 뚱땡이가 늘어놓은 카드의 의미가 무엇인지 당장 알아차렸어요.

"다이얼 자물쇠의 비밀번호구나."

왕눈이 엄마는 숫자가 놓인 차례대로 다이얼을 돌렸어요. 유령들은 숨을 죽이고 왕눈이 엄마를 바라보았지요.

마지막 숫자 6에 바늘이 오자 달칵 소리가 나며 굳게 닫혀 있던 철문이 열렸어요.

"해냈다."

유령들은 환호성을 지르며 서로 얼싸안았어요.

문이 열리자 눈물과 콧물이 범벅이 된 아이들이 왕눈이 엄마의 품으로 뛰어들었지요. 왕눈이 엄마는 아이들을 꼭 안아 주었어요. 왕눈이는 하나도 샘나지 않고 그저 다행이라는 생각만 들었지요.

석환이가 코가 맹맹한 목소리로 말했어요.

"유령이 나올까 봐 너무 무서웠어요."

"정말? 하지만 유령 덕분에 너희가 나올 수 있었는데."

왕눈이 엄마의 말에 아이들은 깜짝 놀랐어요.

왕눈이 엄마는 아이들을 꼭 껴안으며 아이들 어깨 너머로 눈을 찡긋했지요. 왕눈이와 다른 유령들은 흐뭇하게 고개를 끄덕였지요.

왕눈이 엄마는 아이들을 다독여 고아원으로 데려갔어요.

마침 원장도 아이들을 찾으러 갔다가 아이들이 없어 발을 동동 구르며 걱정을 하고 있었어요. 멀리서 오는 아이들을 발견한 원장은 맨발로 달려 나가 아이들을 끌어안았어요.

민호와 석환이는 원장이 자기들을 걱정하고 있었다는 사실에 기분이 좋아졌어요.

날쌘돌이와 삐딱이는 민호와 석환이가 나중에 정말 좋은 모습으로 고아원을 떠날 수 있기를 빌었어요.

왕눈이 엄마는 고아원을 나서면서 계속 주위를 두리번거렸어요. 하지만 왕눈이는 나서지 않았어요. 결국 왕눈이 엄마는 혼자서 차에 타고 집으로 출발했어요.

책벌레가 걱정스럽게 물었어요.

"정말로 엄마랑 같이 안 가도 돼?"

왕눈이는 천천히 고개를 끄덕였어요.

"엄마는 살아 있는 사람들이랑 어울려야 해. 오늘 엄마가 내 존재를 알아준 것만으로 충분해."

유령들은 잠자코 있었어요. 아직 어린 유령들이지만 유령과 인간이 계속 어울릴 수 없다는 사실은 알고 있었지요. 오늘처럼 특별한 일이 매일 일어나는 것은 아니니까요.

왕눈이가 팔을 앞으로 쭉 뻗으며 말했어요.

"묘지로 돌아가서 수학 수업을 들을래. 더 많은 것을 배우면 엄마에게 더 많은 이야기를 할 수 있을 것 같아."

"나도 같이 갈래."

책벌레도 얼른 말했어요.

이번 일을 계기로 수학이 우주의 언어라는 꼬부랑 유령의 말이 무엇인지 알 것 같았지요. 유령들은 순순히 묘지로 돌아갔어요.

날쌘돌이도 아이들과 함께 묘지에서 생활하기로 했어요. 버스에서 자고 인간들의 학교에 가는 일도 나쁘지 않지만 같은 유령들이랑 공부를 하는 게 더 재미있을 것 같았거든요.

수학을 배우게 된 어린이 유령들은 아주 신기하고 멋진 모험도 하게 돼요.
어떤 모험이냐고요?
그건 나중에 기회가 생기면 말해 줄게요.
자, 수와 셈은 여기까지랍니다.

꼬부랑 유령이 독자에게

수를 더하고 빼고 곱하고 나누는 방법을 익혔지만 이것들만 가지고는 해결되지 않는 문제들도 아주 많지요.

단순히 수를 계산하는 것만으로는 풀리지 않는 문제들을 해결해 보려고 노력하는 것이 바로 '수학'이랍니다.